난생처음
금융 여행

난생처음 금융 여행

초판 1쇄 발행 · 2024. 10. 31
초판 2쇄 발행 · 2024. 11. 15

—

지은이   김선욱·이수성·김예희·이충구·오상민
발행인   이상용·이성훈
발행처   청아출판사
출판등록 1979. 11. 13. 제9-84호
주소   경기도 파주시 회동길 363-15
대표전화 031-955-6031 팩스 031-955-6036
전자우편 chungabook@naver.com

—

—

* 값은 뒤표지에 있습니다.
* 잘못된 책은 구입한 서점에서 바꾸어 드립니다.
* 본 도서에 대한 문의사항은 이메일을 통해 주십시오.

김선욱
이수성
김예희
이충구
오상민

3년 후 목돈

10년 후 퇴사

30년 후 노후를 책임질

금 융 지 식

난생처음 금융 여행

청아출판사

대한민국의 정규 교육 과정에는 금융 교육이 포함되어 있지 않습니다. 그러다 보니 각자의 분야에서는 전문가이지만, 금융 앞에서는 누구나 한 번쯤 막막함을 느끼는 것이 현실입니다. 많은 이들이 체계적인 금융 교육 없이 사회로 나가고, 그 결과 금융을 두려워하거나 잘못된 정보에 의존해 큰 손해를 보기도 합니다. 이는 제가 수많은 상담을 통해 직접 마주한 안타까운 현실입니다.

저 역시 처음에는 금융에 대해 잘 알지 못했습니다. 고등 교육을 받고 대학을 졸업한 후 미래를 준비하는 과정에서 '내가 과연 올바른 선택을 하는 걸까?'라는 의문이 늘 마음속에 자리했습니다. 시간이 지나 다양한 경험을 쌓으며 이제는 전문가로서의 길을 걷고 있지만, 그때의 막막함과 불안함은 아직도 생생합니다.

그래서 이 책에서는 저, 김선욱이 '민이 아빠'라는 평범한 인물의 페르소나를 통해 여러분과 같은 비전문가의 시선에서 금융을 배우고 이해하는 여정을 담았습니다. '민이 아빠'는 저의 또 다른 모습이자, 여러분의 모습이기도 합니다. 금융이라는 단어가 낯설고 무겁게 느껴질 수 있지만, 이 여행을 통해 조금 더 친근하고 흥미롭게 금융을 접할 수 있기를 바랍니다.

이 책이 여러분의 인생 여정에서 든든한 동반자가 되어, 필요할 때마다 꺼내어 볼 수 있는 금융 지침서가 되기를 바랍니다.

'민이 아빠'와 함께 편안한 여행 되십시오.

차례

제1장
금융 여행의 시작

제2장
여행 준비

제3장

**평생
즐기는 여행,
절세**

면 상속세를 안 내도 되나요? | 부모님과 형제자매
에게 받은 돈에도 세금을 내야 하나요? | 이혼하는
데 왜 양도소득세를 내나요? | 아파트를 증여하는데
왜 양도세를 내요? | 주택 명의를 공동 명의로 변경
하고 싶어요. | 사업을 하면 세무사가 필요할까요? |
사업을 시작하면 장부를 무조건 만들어야 할까요?
| 회사에 다니면서 글을 써서 출판하고 싶습니다. 사
업자등록증을 내야 하나요? | 원천징수가 무엇인가
요?

제4장
삶의 안전벨트,
보험

세뱃돈 받아서 아이 명의로 주식을 샀는데 10배가
됐습니다. 증여세를 내야 하나요? | 부모가 자식 이
름으로 한 투자를 자식이 받아서 직접 관리하고 투
자할 경우 법적인 문제가 있나요? | 해외 주식을 사
고팔 때 세금을 내야 하나요? | 국내 상장 해외 ETF
의 수익이 2천만 원인데, 세금을 얼마나 내야 할까
요? | 금투세가 무엇인가요?

안녕하세요, 민이 아빠입니다. 저는 경기도에 사는 47세 중견 기업 부장입니다. 배우자, 두 자녀와 함께 살고 있습니다.

저는 엄청난 부자는 아니지만 나름대로 잘 살고 있다고 생각합니다. 신입사원부터 알뜰하게 월급을 잘 모아서 결혼도 하고, 교통 편한 곳에 내 집도 장만했죠. 집값이 올라간 덕분에 자산도 제법 늘었습니다. 그렇지만 요즘 돈과 관련한 고민으로 계속 머리가 아프기도 합니다.

아이가 대학에 들어가면 나갈 돈도 걱정이고, 하루가 다르게 올라서 너무 부담스러운 대출 이자도 걱정입니다. 혹시라도 내가 잘못되면 우리 가족은 어떡하나 싶은 걱정에 담배도 끊었지만, 직장인이라면 누구나 있을 법한 고혈압과 허리 디스크도 걱정입니다.

그것뿐인가요. 물가는 하늘 높은 줄 모르고 치솟는데 월급은 그대로입니다. 대출을 갚고, 생활비로 쓰고, 아이 학원을 보내면 남는 돈도 없습니다.

은행 이율이 올라서 주변을 둘러보면 이자 받는 재미가 쏠쏠하다는 사람도 있지만, 막상 얼마 안 되는 돈을 넣어놔 봤자 이자도 쥐꼬리만 하더라고요. 이 돈을 모아서 어떻게 은퇴하고 살아야 하나 막막하기도 합니다.

앞으로 회사 생활을 얼마나 할지 모르겠지만, 퇴사 후에는 어떻게 살아야 할지 더 모르겠습니다. 이런 고민을 해결할 방법이 있을까요?

이수성 CFP

서강대학교를 졸업하고, 국제공인재무설계사(CFP), 투자자산운용사 등의 전문 자격을 바탕으로 현재 재무 설계사로 활동하고 있습니다. 삼성전자, 군인공제회, 경찰청, 한국은행 등 다양한 기업에서 재무 상담을 하고 있습니다. 그 외에도 다수의 방송에 출연하는 등 많은 사람의 인생 재무 설계를 돕고 있습니다.

김예희 KPC이자 공인회계사, 티나 코치

연세대학교에서 수학과와 경영학과를 졸업하고, 서울대학교 소비자학과에서 '재무 코칭 프로그램'을 개발해 박사 학위를 취득했습니다. 전문 코치(KPC)이자 공인회계사로, 현재 회계 및 세무, 투자, 은퇴, 상속, 보험 설계 등 금융과 관련된 다양한 분야의 전문성을 바탕으로 코칭 및 기업 컨설팅을 진행하고 있습니다.

이충구 CFP, CFP K

서울시립대학교 경제학과를 졸업하고, 상명대학교 경영대학원 WM학 석사를 취득했습니다. 국제공인재무설계사(CFP)이자 증권 투자 상담사, 은퇴 설계 전문가로 활동 중이며, 퇴직연금 및 연금저축계좌 등 약 500억 원의 고객 자산을 관리하고 있습니다. 한국수자원공사, POSCO 홀딩스 등의 기업체와 국토교통부 인재개발원, 국립환경인재개발원, 산림과학원 등에서 은퇴 관련 강의와 상담을 활발하게 하고 있으며, 2022년에는 국토교통부 장관상을 받았습니다.

오상민 변호사

고려대학교 법학과를 졸업하고, 동 대학원 석사, 한양대 대학원 박사, 한양대 법학전문대학원 석사를 수료했습니다. 신용관리사, 변호사, 변리사, 행정사, 세무사 등 다양한 자격증을 보유했으며, 현대산업개발, 한국토지신탁, 하나자산신탁, 코오롱 등 기업의 사내 변호사 및 대법원과 서울동부지방법원의 국선 변호인, 농림축산식품부 규제개혁위원회 위원, 금융투자협회 금융투자교육원 강사, 대한장애인당구협회 법제상벌위원, 중부교육지원청 학교폭력대책심의위원 등으로 활동하고 있습니다.

제1장
금융 여행의 시작

FROM:
금융 초보

TO:
금융 전문가

BOARDING PASS

이 장의 여행 메이트

 민이 아빠

 이수성 CFP

금융에 대한 이해는 생애 전반에 걸쳐 돈을 벌고, 관리하며, 쓰는 방법을 결정하는 데 도움을 줍니다. 소득 활동이 시작되는 청년기부터 은퇴 후의 노후까지, 금융 지식은 우리가 안정된 삶을 영위하는 데 핵심적인 역할을 하고요.

즉 금융은 단순히 돈을 융통하는 것을 넘어 우리 삶의 질을 향상하고, 다양한 위험으로부터 보호하는 근본적인 도구입니다. 현대 사회에서 금융 지식 없이는 경제적으로 안정된 삶을 유지하기 어렵습니다. 금융 교육은 예금과 적금, 투자, 보험 가입 등을 통해 경제적 안정성을 확보하고, 미래를 계획하는 데 필수적입니다.

지금부터 금융 문제 해결사로 손꼽히는 이수성 CFP에게 금융에 관한 기초 지식부터 대출 상환, 노후 준비, 자녀 교육 등을 상담하려고 합니다. 저의 문제를 모두 해결할 수 있을까요?

금융 지식은 왜 필요할까?

 도대체 금융이란 뭔가요? 은행에서 업무를 보거나 보험에 드는 것도 전부 금융인가요?

 금융은 돈과 관련한 나의 모든 행동을 말합니다. 은행, 증권사, 보험 회사, 신용카드사 등등을 통해 하는 모든 일이 금융입니다.

그래서 현대 사회를 살아가는 사람이라면 누구나 잘 알고 있어야 합니다. 학교 과목으로 비교한다면 국영수를 배우는 것처럼 중요하죠. 그런데 학교에서 금융을 따로 배운 적이 없잖아요? 그래서 지금이라도 금융을 공부하고 잘 알아야 하는 거죠.

금융이란?

이수성 CFP가 알려 주는 금융의 정의

금융(金融)은 금전을 융통한다는 한자어입니다. 단어의 뜻을 생각해 보면 은행에서 하는 일이 금융입니다. 은행에 가면 우리는 예적금을 가입하거나 대출을 받죠? 이렇게 은행을 통해서 돈이 흐르는 모든 과정이 금융입니다.

그런데 예금을 가입하러 증권사나 보험 회사에 가지는 않는데, 왜 그런 회사들도 금융 회사라고 부르는 걸까요? 여기서 먼저 은행의 역사를 잠깐 이야기하겠습니다.

세계 최초의 상업은행은 무려 1661년에 등장했습니다. 예금을 받고 대출을 해 주었고, 최초의 지폐(종이 은행권)를 발행했죠. 당시에는 사람들의 돈을 받아서 대출해 주고 중간에 이윤을 남기는 것이 금융의 전부였습니다.

하지만 현대 사회에서는 주식이나 채권 같은 증권 상품에 투자하고, 만일의 사태에 대비하려고 보험에 가입하기도 하죠? 그래서 금융의 범주가 계속 확대됩니다. 증권사에서는 주식과 채권 같은 증권을 거래하는 업무를 주로 하고, 보험사에서는 위험에 대비할 보험 상품에 가입하고요.

따라서 넓은 의미에서 금융이란 은행에 돈을 맡기고 빌리는 전통적인 금융을 비롯해 자산을 불리려고 투자하고, 각종 위험에 대비하는 것까지로 정의할 수 있어요. 이제 금융이 무슨 의미인지, 금융 회사는 무슨 일을 하는 곳인지 잘 아시겠죠?

우리가 살아가면서 신경써야 할 문제도 많은데 금융까지 잘 알아야 하는 이유가 무엇일까요? 그건 바로 우리가 하는 모든 일이 금융과 연결되어 있기 때문입니다.

돈을 모으기 위해 은행에서 예적금에 가입하고, 집을 사거나 사업을 하려고 대출을 받죠. 증권사를 통해 우리나라뿐만 아니라 미국이나 일본, 중국 기업 주식에 투자하고, 펀드와 같은 상품에도 가입합니다. 자동차가 있다면 자동차보험에도 매년 가입하죠. 은행이나 증권사 앱을 이용해서 돈도 송금합니다. 금융은 하루에도 수십 번씩 우리가 하는 일이랍니다.

사실 금융 공부를 따로 하지 않아도 일상생활에서 금융 생활을 하는 데 문제가 생기지는 않습니다. 하지만 금융 공부를 소홀히 하고 외면하면 언젠가 큰 문제가 생길 수도 있습니다. 이제부터 왜 금융 지식이 필요한지 천천히 살펴보겠습니다.

금융을 관리해야 하는 이유

우리나라 사람의 실질적인 은퇴 나이는 60세가 넘습니다. 20대부터 본격적으로 일을 한다면 40년 정도 일을 하는 거죠. 그 기간에 결혼도 하고 집도 사고 자녀 뒷바라지도 합니다. 그리고 나이가 들어 은퇴를 합니다.

은퇴 후에는 모아둔 돈으로 여행도 다니고 취미 활동과 봉사 활동도 하며, 상당히 긴 시간 우리는 돈을 쓰면서 생활합니다. 60세부터 80세까지라면 20년, 하지만 요즘 '100세 시대'라고 이야기를 하니 60세부터 100세까지라면 무려 40년이나 돈을 쓰고 생활합니다. 자세히 계산해 보지 않더라도 많은 돈

20대
취업,
본격적인
경제 활동 시작

30대
경제적 독립,
결혼과 주택 마련
등을 위한 준비 시작

40대
자녀 부양,
대출 상환 등
본격적인 경제 활동

이 필요하다는 것을 알 수 있습니다. 그리고 마지막으로 남은 자산, 이를테면 집이나 은행계좌 잔고, 투자한 주식이나 각종 금융 상품 같은 것을 자녀에게 남기고 떠납니다.

이게 한 사람의 평생에 걸친 돈의 흐름입니다. 20대부터 80대까지 최소한 50~60년이고, 100세까지 산다면 70년, 80년이 될 수도 있겠죠? 이렇게 긴 기간 동안 경제적으로 안정된 생활을 유지하려면 충분한 재정 계획 없이는 불가능합니다. 따라서 사회적 정년을 넘어서는 생활 기간에 대비해 장기적인 금융 계획을 수립하는 것이 중요합니다.

우리의 금융 계획은 단지 생존 기간에만 중요한 것이 아니라, 생애를 마감하는 순간까지 영향을 미칩니다. 잘 계획된 금융 관리는 우리가 남길 부동산, 은행 잔고, 투자 자산 등을 다

50대
소득 정점,
퇴직 및 노후 준비
본격화

60대
자녀 독립,
경제 활동 중단과
실질적인
은퇴 생활 시작

7~80대
노후 생활,
의료비 증가,
장기 간병 발생

음 세대로 원활하게 이전하는 것을 돕습니다. 이는 사회적 정년을 훨씬 넘어서 살아가는 현대 사회에서 더욱 중요해진 부분입니다.

그래서 금융 지식은 선택이 아닌 필수가 되었습니다. 사회적 정년 이후의 긴 생활 기간을 경제적으로 안정되게 보내려면 젊은 시절부터 금융을 이해하고 계획을 세워야 합니다. 이는 우리가 예상하는 정년을 넘어서 생활할 준비를 하는 것이며, 이러한 준비 없이는 긴 노후 생활을 편안하게 보내기 어렵습니다. 따라서 모든 사람에게 금융 교육은 생애 계획에서 필수적인 부분이 되어야 합니다.

금융에 대해 아무것도 모르는 상태에서 수십 년에 걸친 돈의 흐름에 문제가 생기지 않을 거라 기대하는 건 무척 위험한 생각입니다.

왜 지금 시작해야 할까?

우리 사회는 저출생과 인구 고령화, 수명 연장 등으로 큰 변화를 겪고 있습니다. 이 변화 속에서 금융 공부를 시작하는 것은 현재와 미래 사이의 균형을 찾는 여정입니다. 이 길을 어떻게 걸어가야 할지에 대한 해답을 찾는 여정이기도 합니다.

인생의 긴 여정 대비

저출생은 우리 사회의 큰 변화 중 하나입니다. 1970년에는 신생아 수가 100만 명에 달했지만, 2022년에는 24만 명 수준으로 급감했습니다. 이러한 저출생 현상은 베이비붐 세대의 폭발적인 인구 증가 이후 큰 사회 변화를 예고합니다. 거기에 기대 수명까지 늘어나면서 우리는 더 긴 노후 생활을 준비할 필요성을 몸소 느끼고 있습니다.

우리는 이제 100세 시대를 대비해야 합니다. 은퇴 후 살아갈 시간이 늘어나고 있습니다. 점점 길어지는 노후 생활을 안정적으로 보내려면 적절한 금융 계획이 꼭 필요합니다.

생활비 상승 대응

물가 상승은 생활에 직접적인 영향을 미칩니다. 생활필수품의 가격 상승은 우리 지출을 증가시키지만, 월급은 그만큼 빠르게 오르지 않습니다. 이러한 불균형을 극복하려면 철저한 금융 관리와 계획이 필요합니다.

욜로와 파이어족 사이에서

욜로는 'YOU ONLY LIVE ONCE'의 약자로 후회 없는 인생을 살라는 뜻인데요. 노후 준비나 주택 마련을 위해 돈을 모으기보다 현재 삶에 충실히 하여 자기 계발이나 취미 활동에 돈을 쓰고 만족감을 얻는 태도를 말합니다. 문제는 이게 변질되면서 '한 번뿐인 인생, 즐겨라!'로 바뀌게 되는 거죠. 그래서 욜로족이라는 신조어도 생기고, 충동 구매나 과잉 소비로 이어지기도 합니다.

과거 우리는 돈을 극단적으로 아끼는 모습을 자린고비로 표현했습니다. 자린고비라는 말에는 돈을 아끼는 목적이 없지만, 요즘 자린고비는 돈을 아끼는 아주 명확한 목표가 있습니다. 파이어족이 그것이죠. 'FINANCIAL INDEPENDENCE, RETIREMENT EARLY'의 앞글자를 따서 파이어로 표시하는데, 경제적으로 직장에 얽매이지 않을 시점에 과감하게 조기 퇴직을 하는 것을 말합니다. 엄청난 자산가가 되고자 하는 것이 아닌 일정한 생활 수준을 유지할 돈이 모이면 직장을 그만두는 겁니다. 보통은 지금 하는 일에서 보람을 느끼지 못하거나 과도한 스트레스와 개인 시간 부족 등이 일찍 퇴직하는 이유입니다.

둘 다 의미 있는 시도입니다. 하지만 그 안에 들어 있는 가장 큰 가치는 바로 현재와 미래 삶의 균형입니다. 현재를 즐기면서도 미래를 대비하는 금융 계획은 현재와 미래의 조화를 이루는 길입니다.

필수로 알아야 할 금융 지식

금융 지식 없이는 현명한 금융 결정을 내리기 어렵습니다. 저출생, 고령화 사회에서 안정적인 미래를 위해 금융 지식을 습득하고 실천하는 것은 선택이 아닌 필수입니다.

몇 가지 예를 들어보겠습니다. 가장 손쉽게 목돈을 마련하는 방법은 은행 적금을 이용하는 것입니다. 하지만 적금의 이자 계산을 어떻게 하는지 알지 못하는 경우가 많습니다. 연이율 4%의 적금은 실제 이자가 얼마 발생하는지, 세금을 제외하고 나서 받는 이자가 얼마인지도 잘 계산을 해야 합니다.

또 예산 계획을 세우고 가계부를 작성해서 실제 생활비를 점검하는 것이 왜 필요한지를 충분히 이해하는 것도 필요합니다. 한정된 소득으로 충분한 목돈을 만들기 위해서는 꼭 필요한 일입니다.

이제 금융 여행을 떠날 시점

현재를 살아가면서도 미래를 대비하는 금융 지식과 계획은 우리가 안정적인 노후를 맞이하는 데 필수적인 열쇠가 될 것입니다. 하지만 많은 사람이 어디서부터 시작해야 할지, 어떻게 정확하고 신뢰할 수 있는 정보를 얻을 수 있을지 막막해합니다. 여기서는 금융 지식을 얻기 위한 첫걸음을 내디뎌 볼까요? 또 왜 전문가의 도움을 받는 것이 중요한지 알아봅니다.

먼저 현재 내 금융 상태를 정확히 파악하고, 장기적인 목표를 설정하는 것이 시작입니다. 이를 통해 저축, 투자, 보험 등 다양한 금융 상품을 활용해 체계적인 금융 계획을 수립하고, 필요한 경우 전문가의 조언을 구하는 것도 중요합니다.

나의 현재 상태 파악하기

집을 산다고 가정한다면 모자란 자금을 마련하기 위해 저축과 투자를 해야 합니다. 그런데 생활비로 쓰고, 대출을 갚고, 자녀 교육비로 나가느라 모을 돈이 없다면 집을 살 수 있을까요? 현재 상태를 파악해야 인생 계획도 세울 수 있습니다.

장기적인 목표 설정

처음 경제 활동을 시작하면서 결혼 자금 마련, 자동차 구입 등에 대해 생각하고, 결혼 후에는 아이를 키우고 집을 사느라 돈을 씁니다. 그리고 직장 생활에 바쁘고 자녀를 돌보느라 시간이 없어 미래에 대해 고민을 못 하고 삽니다. 50대가 되어 회사를 나갈 날이 머지않았을 때 앞으로 어떻게 살지 고민을 시작하지만, 마땅히 떠오르는 생각은 없습니다. 장기적인 목표를 설정하고 저축과 투자를 잘 배분해야만 평생 돈이 부족하지 않은 삶을 살 수 있습니다.

양질의 지식과 정보 얻기

공신력 있는 교육 프로그램은 어디서 얻을 수 있을까요? 많은 금융 기관이 고객 교육을 목적으로 다양한 주제의 강연과 세미나를 무료로 제공합니다. 예를 들어 한국은행과 같은 기관에서 제공하는 경제 교육 프로그램은 기본적인 금융 지식과 다양한 경제 이슈를 배울 좋은 기회입니다. 이러한 프로그램은 일반인도 쉽게 이해할 수 있도록 구성되어 있고, 금융상품 선택, 투자 전략 등에 관한 실질적인 조언을 얻을 좋은 기회입니다. 유튜브 등의 플랫폼에서도 다양한 금융 관련 콘텐츠를 제공합니다. 하지만 정보의 질이 천차만별이기 때문에 공신력 있는 기관이나 전문가의 채널을 선택하는 것이 중요합니다.

도움을 받을 전문가 선택하기

단순히 정보를 얻는 것만으로는 충분하지 않습니다. 중요한 것은 얻은 지식을 어떻게 활용하느냐입니다. 여기서 전문가의 역할이 중요해집니다.

금융 상품의 선택이나 투자 결정에 있어 독립적인 전문가의 조언을 구하는 것이 중요합니다. 이들은 다양한 금융 상품에 대한 객관적인 정보와 개인의 재정 상태에 맞는 맞춤형 조언을 제공할 수 있습니다. CFP, AFPK, IFP, CFA 등의 자격증을 보유한 전문가는 금융 분야에 깊은 이해와 전문 지식을 갖추고 있으니 복잡한 금융 상황에서도 올바른 조언을 할 수 있습니다.

지속적인 점검과 조정

금융 상황은 시간이 지남에 따라 변화합니다. 따라서 정기적으로 전문가와 상담해 현재 금융 계획을 점검하고 필요에 따라 조정하는 것이 중요합니다.

금융 지식을 습득하는 것은 한 번에 끝나는 과정이 아니라 지속적인 노력이 필요한 여정입니다. 공신력 있는 정보원을 통해 지식을 얻고, 이를 바탕으로 독립적인 전문가와 함께 자신의 금융 상황을 주기적으로 점검하며, 필요한 조정을 하는 것이 현명한 금융 관리의 길입니다. 이 과정을 통해 불확실한 미래에 대비하고 안정적인 재정 생활을 설계할 수 있습니다.

여행 전 준비: 금융 지식 테스트

금융 지식은 단순히 한두 번의 학습으로 완성되지 않습니다. 지속적인 관심과 학습을 통해 발전시켜야 하는 영역입니다. 현대 사회에서 금융의 역할은 개인 생활뿐만 아니라 미래 계획에도 깊숙이 관련되어 있으므로, 자신의 금융 지식 수준을 정기적으로 점검하고 부족한 부분을 보완하는 것이 중요합니다.

금융 지식 점검을 위한 자가 테스트

금융에 대한 기본적인 이해부터 점검해 볼 수 있는 간단한 자가 테스트입니다. 문항별 10점씩 총 100점을 기준으로 그렇다, 아니다로 답변해 보세요.

☐ 올해 수입 금액과 4대 보험료 등 통장에 들어오기 전 돈의 흐름을 알고 있다.

☐ 세금을 제외한 실제 소득과 세금을 줄일 수 있는 방법을 알고 있다.

☐ 예산 짜기와 가계부 작성을 실천하고 있으며, 합리적인 지출을 유지하고 있다.

☐ 원리금 균등 상환과 원금 균등 상환 등 대출 상환 방법을 알고 선택할 수 있다.

☐ 저축과 투자의 차이를 알고 있으며, 상황에 맞춰 선택할 수 있다.

☐ 개인 신용 점수를 알고 있으며, 어떻게 관리하는지 파악하고 있다.

☐ 보험 상품을 잘 이해하고, 나에게 필요한 보험이 무엇인지 알고 있다.

☐ 공적 연금의 예상 연금액을 알고 있으며, 노후 준비 상태가 어떤지 이해하고 있다.

☐ 모바일뱅킹 등 디지털 금융 활동을 잘 활용하고 있다.

☐ 금융과 관련한 정보를 잘 얻고 있으며 도움을 주고 있는 전문가를 알고 있다.

* (금융위원회, 〈금융역량지도〉 참고)

80점 이상 금융 지식이 충분하고 직접 인생 재무설계가 가능합니다.

50~70점 기본적인 금융 지식은 알고 있으나 직접 계획과 실천을 하는데 제한이 있습니다.

40점 이하 지금 바로 전문가의 도움이 필요합니다.

예금과 적금 이해하기

이자 계산의 비밀

우리가 금융 상품을 선택할 때 적금과 예금 사이에서 선택해야 할 경우가 많습니다. 예금은 한 번에 돈을 맡기는 방식이고, 적금은 정기적으로, 보통 매월 돈을 저축하는 방식이죠. 이 둘 사이의 선택은 우리 금융 생활의 첫걸음인 경우가 많습니다. 그러면 이 두 상품의 이자를 어떻게 계산할까요? 여기에는 작은 비밀이 숨어 있습니다.

은행에서 연이율 5%의 1년 만기 적금에 매월 83만 원씩 저축한다고 상상해 볼까요? 1년 동안 총 1천만 원을 저축하게 됩니다. 이때 적금 이자는 얼마일까요? 이 계산은 생각보다 조금 복잡합니다. 왜냐하면 은행은 매월 저축하는 걸 각각 다른 예금으로 보기 때문입니다. 1월에 저축한 돈은 1년 동안 이자를 받지만, 12월에 저축한 돈은 한 달 동안만 이자를 받습니다. 그래서 실제 적금의 이자율을 계산하면 연이율 5%가 아닌, 대략 2.7% 정도의 실질적 이자를 받게 됩니다. 즉 1천만 원에 약 27만 원의 이자를 받는 셈이죠.

이와 대조적으로, 1천만 원을 한 번에 예금에 넣어 연이율 5%로 1년간 맡긴다면, 이자는 50만 원이 됩니다. 여기서 이자 소득세를 고려하면, 결국 실제로 손에 쥐는 이자는 더 줄어들게 됩니다.

이렇게 보면, 우리가 일상에서 자주 접하는 금융 상품이라도 그 계산 방식을 정확히 이해하는 것이 중요합니다. 이자 계산 방식을 알면, 자신에게 더 유리한 금융 상품을 선택할 수 있게 됩니다. 적금과 예금, 각각의 장단점을 이해하고, 자신의 재정 상태와 목표에 맞는 최적의 선택을 하는 것이 금융 지혜의 시작이죠.

대출과 할부 이해하기
무이자 할부와 리볼빙이라는 미끼

빚을 좋아하는 사람은 거의 없습니다. 그렇지만 우리는 종종 알게 모르게 빚을 지고 있습니다. 신용카드 사용이 그중 하나입니다.

신용카드를 사용하면 이번 달에 쓴 돈을 다음 달에 갚는 것이 기본 원칙이죠. 특히 무이자 할부라는 말에 마음이 끌려 큰 구매를 망설임 없이 하게 되는 경우가 많습니다. 무이자 할부는 우리에게 마치 이익 같아 보이지만, 사실은 매월 지출을 증가시키는 주범입니다. 여러 번의 할부 구매가 누적되면, 월급에서 카드값이 차지하는 비중이 점점 커집니다. 결국 필요한 지출이나 저축을 줄여야 하는 상황에 이르죠.

리볼빙 서비스도 유사한 문제를 안고 있습니다. 할부와 달리 리볼빙은 본래 할부 결제를 의도하지 않았으나 결국 쓴 돈을 나눠 갚게 되는 상황입니다. 심지어 리볼빙 서비스는 이자도 비쌉니다. 이는 지출 관리 실패의 신호일 수 있으며, 금융 생활에 부정적인 영향을 끼칩니다.

무이자 할부와 리볼빙은 당장의 현금 흐름에는 도움이 될 수 있지만, 장기적으로 보았을 때 금융 건강에 해로울 수 있습니다. 이러한 서비스의 이면을 이해하고, 신용카드 사용 시 지출 통제가 중요합니다.

자동차 구매도 마찬가지입니다. 현금 일시불로 구매할 수 있지만, 보통은 카드 할부로 사거나 캐피털 등 금융 회사의 할부 제도를 이용하죠. 일시불로 구매할 돈으로 투자 수익을 낼 수 있다거나, 짧은 기간에 교체하기 때문에 목돈을 들이면 아깝다고 생각하는 사람도 있습니다. 하지만 자동차는 기본적으로 소모품이며, 시간이 지나면 내가 산 가격에서 가치가 떨어집니다. 따라서 이자 비용까지 추가로 내야 한다면 금전적으로는 손해가 커지는 것이 사실입니다.

신용카드 할부, 리볼빙, 자동차 할부 등 다양한 대출 및 할부 제도의 차이점과 각각의 장단점을 파악하는 것도 중요합니다.

가계부를 써야 하는 이유

예산 작성의 중요성

가계부 작성의 진정한 가치는 예산 계획과의 연결에서 비롯됩니다. 예산 계획 없이 가계부를 작성하는 것은 효용이 크게 떨어집니다.

가계부 쓰기의 진정한 가치

많은 사람이 가계부 쓰기를 번거롭고 때로는 효과가 없다고 느낍니다. 그 이유는 대개 예산 계획이 없기 때문입니다. 실제로 예산 짜기와 가계부 쓰기 중 하나를 선택해야 한다면, 예산 계획이 우선입니다.

왜 예산 계획이 중요할까

한 달 동안 식비로 100만 원을 썼다면, 그게 과한지 아닌지를 예산 없이는 알 수 없습니다. 만약 예산이 있다면, 지출이 계획보다 많은지 적은지를 정확히 알 수 있겠죠? 따라서 예산을 세우면, 어떤 항목에 얼마를 쓸지 목표를 설정할 수 있습니다. 이는 지출을 통제하고 재정 목표를 달성하는 데 도움이 됩니다. 매월 변동이 큰 지출에 대해서도 예산을 통해 더 나은 관리와 조정이 가능합니다. 예산 없이는 이러한 조정이 어렵습니다.

　가계부 쓰기는 예산 계획과 함께 할 때 진정한 가치를 발휘합니다. 예산 계획을 먼저 세운 후 가계부를 사용하면, 실제 지출이 계획과 얼마나 일치하는지 확인할 수 있고, 필요한 조정을 즉시 할 수 있습니다.

이수성 CFP의 실전 팁

예산 계획 세우기 월별 고정 지출(주거비, 유틸리티 등)과 변동 지출(식비, 여가 비용 등)을 고려해 예산을 세웁니다.

고정 지출, 변동 지출 파악하기 고정 지출은 매월 일정한 금액이 주기적으로 지출되는 것을 뜻합니다. 세금, 보험료, 저축이나 투자 금액, 대출 상환 금액 등이 대표적인 고정 지출입니다. 고정 지출은 다시 소비를 위한 지출과 목돈 마련을 위한 저축 및 투자로 구분할 수 있습니다. 변동 지출은 매월 금액이 변동되거나 비정기적으로 발생하는 지출입니다. 기본 생활비는 식비와 관리비, 교통비, 통신비 등으로 생각할 수 있습니다. 이런 지출은 도시락을 싸서 가지고 다니거나 고급 레스토랑에서 식사를 덜하는 등 스스로 어느 정도 조절을 할 수 있습니다. 교통비도 마찬가지로 대중교통을 탈 때와 자가용을 이용할 때 차이가 생깁니다. 이런 식으로 내가 생활하는 방식에 따라 조절할 수 있는 지출은 변동 지출로 볼 수 있습니다.

가계부와 예산의 비교 매달 또는 매주 가계부와 예산을 비교해 차이를 확인하고 필요한 조정을 합니다.

지출 패턴 이해 시간이 지남에 따라 가계부를 통해 자신의 지출 패턴을 이해하고, 더 나은 재정 관리를 위한 통찰을 얻습니다. 매월 월급이 들어오는 날을 기준으로 신용카드 결제를 한다면, 예산도 월급날을 기준으로 계산해야 합니다. 만약 매월 1일부터 말일까지 예산을 짜서 생활한다면 지출도 그에 맞춰 1일부터 말일까지 지출한 것을 정리해야 합니다. 그런데 보통 예산은 한 달 단위로 1일부터 말일까지 계획을 세우지만, 지출은 월급날에 맞춥니다. 따라서 예산과 지출의 기간을 맞추기 위해 신용카드 결제일을 변경하거나 예산을 짜는 기간을 변경해서 서로 조건을 맞춰 비교하는 것이 필요합니다.

신용카드사별로 결제일을 확인해 보면 전월 1일부터 말일까지 사용한 금액을 결제하는 날짜가 카드사별로 정해져 있습니다. 이 날짜로 결제일을 바꾼 후 매월 초에 전월 카드 대금을 선결제해 보세요. 예산과 지출의 기간을 손쉽게 일치시킬 수 있습니다.

금융, 평생 공부할 결심

금융 지식은 단기간에 습득할 수 있는 것이 아니며, 평생에 걸쳐 지속해 학습하고 실천해야 하는 분야입니다. 따라서 자신의 금융 지식을 정기적으로 점검하고, 부족한 부분을 계속해서 보완해 나가는 태도가 중요합니다.

 금융 교육 자료 활용 | 온라인 강의, 금융 관련 서적, 웹사이트 등 다양한 자료로 지속해서 학습.

 실생활 금융 관리 실습 | 실생활에서 예산을 작성하고, 가계부를 꾸준히 관리하는 등 이론 실천.

 전문가 상담 | 필요할 때 개인적인 금융 상황에 맞는 조언 얻기.

민이 아빠의 금융 여행

　민이 아빠는 한 가정의 가장으로, 수입 관리, 지출 조절 그리고 미래를 위한 저축 및 투자의 필요성을 실감합니다. 아이들의 교육비와 주택 대출 상환 등은 지출을 늘리는 주된 요인이며, 이는 재정적 압박으로 이어질 수 있습니다. 따라서 금융에 대한 올바른 지식과 관리는 민이 아빠뿐만 아니라 모든 가정에 필수적입니다.

나는 얼마나 벌고, 얼마나 쓸까?

우리 가족 금융 점검 첫걸음

금융 여정을 시작하기 전에, 마치 여행을 계획하듯 현재 우리 가족의 재정 상태를 점검하는 것이 중요합니다. 이 점검은 우리가 어디에 서 있는지, 앞으로 어디로 가야 할지를 결정하는 데 도움을 줍니다.

현금 흐름 파악하기

현금 흐름을 파악하는 것은 우리가 얼마나 잘 저축하고 투자하고 있는지, 우리의 지출이 적절한지를 이해하는 데 필수적입니다. 가장 먼저 할 일은 전년도 소득과 지출을 정리하는 것입니다. 근로소득 원천징수영수증을 확인해 보면(홈택스 → 마이홈택스 → 연말정산·지급명세서 → 지급명세서 등 제출내역 → 근로소득 지급명세서 보기) 지난해 내 소득과 세금 납부 내역을 쉽게 알 수 있습니다. 이 정보를 바탕으로 실제 손에 쥔 세후 소득을 파악할 수 있죠.

지출 분석하기

이제 우리의 지출을 살펴보아야 합니다. 가계부에 매달 어디에 얼마나 지출했는지 정리해 보세요. 가계부를 꾸준히 작성하는 것이 어렵다면, 모바일 가계부 앱을 사용하거나 신용 카드와 은행의 자동 분류 기능을 활용해 보세요. 이를 통해 고정 지출과 변동 지출을 구분하고, 비정기적인 지출도 포함해 전체적인 지출 패턴을 파악할 수 있습니다.

예산 설정하기

예산을 설정하는 것은 금융 여정에서 매우 중요한 부분입니다. 예산 없이는 지출이 계획에 부합하는지 알 수 없습니다. 예산을 세우고 이를 가계부와 비교함으로써, 우리의 재정 목표 달성 여부를 확인하고 필요한 조정을 할 수 있습니다.

어떤 여행을 떠날까?

삶의 수준을 높일 수 있는 금융 계획

인생을 금융 여행으로 보면, 이 여행은 우리가 첫 월급을 받는 순간부터 시작됩니다. 중요한 것은 세금을 고려한 세후 소득을 바탕으로 지출과 저축, 투자를 계획하는 것입니다. 이 과정을 통해 현재 삶의 수준을 유지하고 미래 삶의 수준을 높일 수 있습니다.

금융 여행의 경로- 돈의 흐름에 따른 금융 활동

소득과 지출
현재 삶의 수준

첫걸음은 정확한 소득과 지출을 파악하는 것. 고정 지출과 변동 지출을 포함하고, 미래의 대형 지출(결혼, 차량 구입, 주택 매입)에 대비하는 것도 포함.

저축과 투자
미래 삶의 수준 결정

지출을 관리한 후 남는 돈으로 저축과 투자를 시작. 미래의 금융 목표를 달성하기 위한 핵심 단계.

자산 관리와 전환
증여 및 상속

은퇴 후에는 저축한 돈을 사용하며, 남은 자산은 상속이나 증여의 형태로 다음 세대에게 전달.

금융 여정은 단순히 돈을 관리하는 것 이상입니다. 이는 우리 인생을 계획하고, 우리가 원하는 미래를 만들어 가는 과정입니다. 지금부터라도 체계적으로 금융 공부를 시작하고, 우리의 여행을 성공적으로 이끌어 가기를 바랍니다.

제2장
여행 준비

FROM: 목표 설정   인생의 로드맵 수립   TO:

이 장의 여행 메이트

 민이 아빠

 티나 코치 (김예희 회계사)

민이 아빠는 금융 여행을 시작하기로 마음먹었습니다. 더 나은 미래를 꿈꾸며 기대에 부풀었지만, 한편으로는 어떻게 시작해야 할지 막막합니다. 이때 도움을 받을 전문가를 선택하라는 이 CFP의 조언을 떠올리고는, 직접적인 도움을 받을 수 있는 재무코치에게 상담을 받기로 합니다. 정해진 교육 과정에 수동적으로 참여하는 것만 익숙했던 그가, 이번만큼은 인생의 전환점을 위한 커리큘럼을 스스로 만들기로 한 거죠. 재무코치 티나는 민이 아빠가 금융 여행의 로드맵을 수립하는 데 큰 도움을 줄 것입니다.

나만의 목표 찾기

 노후 준비를 생각하면, 가슴이 뛰기는커녕 오히려 답답해져요. 이런 생각은 좋은 목표로 적합하지 않겠죠?

 답답함을 느끼는 건 노후 준비를 마치 무거운 의무처럼 여기기 때문이에요. 소풍 갈 때를 생각해 보세요. 준비하는 과정조차 설렘이 가득하잖아요? 그 설렘이 바로 우리가 찾아야 할 목표의 모습이에요.

우리 대부분이 '해야 할 일'의 연속 속에 살아가면서 진정으로 원하는 것을 잊고 살아가는 경향이 있어요. 학교, 취업, 결혼, 내 집 마련, 노후 준비 등등 모두 중요하지만, 그 과정에서 진정한 나만의 목표와 꿈을 발견하고 추구하는 것도 중요해요.

가슴을 뛰게 하는 목표를 찾으려면 어떻게 시작해야 할까요? 먼저 자신에게 진솔하게 물어보세요.

'내가 정말 원하는 것은 무엇일까?'

우리는 종종 현실에 발이 묶여 진정한 꿈을 잊곤 해요. 하지만 꿈을 발견하는 순간, 삶은 더욱 풍요로워질 거예요. 오늘 그 첫걸음을 내디뎌 볼까요.

어떤 것부터 해야 할까?

일단 목표 설정부터

현황 파악도 중요하지만, 목표 설정이 먼저예요. 현실만 바라보며 목표를 세우면 우리의 꿈을 제한하게 될 수 있습니다. 예를 들어, 어릴 때 발에 묶인 코끼리처럼 자신이 갈 수 있는 한계를 스스로 설정해 버리는 거죠.

먼저 목표를 세우고, 그 목표를 달성하기 위한 현실적인 계획을 세워야 해요. 꿈과 목표는 현실에서 가능하다고 생각하는 범위를 넘어서야 하고요. 그래야만 더 큰 가능성을 향해 나아갈 수 있습니다.

좋은 목표와 나쁜 목표

좋은 목표와 나쁜 목표에 관해 많은 연구가 있습니다. 예를 들어 '100억 모으기' 같은 목표는 어떨까요? 다양한 연구 결과에 의하면, 돈 자체를 목표로 하면 목표 달성 후 행복감이 떨어지는 것으로 나타났습니다. 100억 원을 모으면 1천억 원을 가진 사람이 부러워지는 마음, 돈은 많은데 삶의 의미를 알 수 없어 허망한 마음 때문이 아닐까요?

진정한 재무 목표는 원하는 삶이 바탕이 되어야 합니다. 재무 코칭을 하다 보면 필요한 돈을 모으기도 전에 원했던 것이 이루어지는 경우를 종종 경험합니다. 결국 돈은 수단일 뿐이라는 말의 진정한 의미를 이해하고 재무 목표를 수립해야 행복해질 수 있습니다.

우리가 재무 목표를 세운다는 것은 삶의 방향성을 내가 원하는 방향으로 맞추기 위해 꼭 필요한 것입니다. 재테크 기술 등을 배우기 이전에 삶의 목표에 기반한 재무 목표를 설정하는 것은 행복한 삶을 위해 반드시 선행되어야 합니다.

더 잘 살게 될 내일을 위한 황금법칙

제1 법칙 숫자를 정하기 전에 풍요로운 삶의 그림부터 그려라!

재무 목표를 정하기 전, 아무런 제약이 없을 때를 상상해 보는 것은 내가 진정으로 원하는 삶을 알아내는 데 도움이 됩니다. 우리 머릿속은 해야 할 일로 가득 차서, 막상 돈을 벌고 모으지 않아도 된다고 하면 어떻게 살 것인지 막막해하죠.

실제 코칭을 해 보면 대부분이 여행부터 떠올립니다. 하지만 여행이란 일상에서 벗어나는 것에 의미가 있는 거죠. 따라서 어떠한 일상을 보낼지에 대한 답으로는 적절하지 않습니다. 물론 매일매일 여행만 하면서 사는 것이 행복한 삶의 모습이라면 여행하는 삶을 이야기할 수도 있겠습니다. 하지만 일상을 어찌 보낼지 몰라서 여행을 이야기한다면, 그것은 아직 자신만의 풍요로운 삶에 대한 그림이 없는 겁니다.

제2 법칙 배우자와 각자의 그림을 공유하라!

각자가 원하는 풍요로운 삶에 관한 이야기를 배우자와 공유하는 것은 매우 중요합니다. 다만 내가 배우자의 꿈을 알 수는 없죠? 먼저 내 내면의 소리에 귀 기울이는 것이 중요합니다. 일단 내 마음부터 잘 살핀 후 배우자의 꿈도 들어 봅니다. 실제 상담 현장에서는 현실적인 부분에서 의견이 맞지 않았지만, 결국 지향점이 같았다는 것을 알게 되면서 감동하는 경우가 많습니다. 배우자와 원하는 삶의 모습이 다르다면 대화를 통해 타협점을 찾고 우선순위를 결정해야 합니다.

제3 법칙 그림을 완성하는 데 필요한 것을 숫자로 적어라!

상담을 하다 보면 "넓은 집에서 살고 싶어요."라고 말합니다. 넓다는 것은 아주 상대적이죠. 다시 "몇 평 정도면 만족하세요?"라고 물어봅니다. "50평이면 좋겠어요."라고 대답하면 또 물어봅니다. "지금 사는 단지 내의 50평 집은 얼마인가요?" 이렇게 구체적인 숫자로 답을 요구하면 그제야 찾아보기 시작하는 경우가 많습니다.

꿈이 현실이 되려면 목표를 구체적인 숫자로 만들어져야 합니다. 목표 설정 방법으로 잘 알려진 S.M.A.R.T. 방법*을 만족시키는 재무 목표를 만들어 보세요. Specific(구체적이고), Measurable(측정 가능하며), Achievable(성취할 수 있고) Realistic(현실적인), Time limited(달성 기일이 정해진) 목표가 좋은 목표입니다.

안 좋은 목표 내 이름을 세상에 영원히 남기기

---

* 〈Management Review(AMA Forum)〉 1981년 11월 자에 실린 조지 T. 도란의 논문 〈경영 목표와 목적 작성을 위한 S.M.A.R.T. 방법〉 중에서(위키백과).

좋은 목표 80세까지 내 이름으로 된 책 100권 내기

안 좋은 목표 넓은 집에서 평화롭게 살기
좋은 목표 서울 근교 5억 정도의 50평 타운하우스를 10년 이내에
장만하기

제4 법칙 제일 좋은 것 하나만 남겨라!

풍요로운 삶을 위해 필요한 것이 아주 많을 수 있습니다. 하지만 모든 것을 다 가질 수는 없어요. 또 모든 것이 다 필요하지 않을지도 모릅니다. 진짜 중요한 것이 무엇인지 정해서 그것에 우선 집중합니다. 하나가 해결되면 다른 것들은 이미 해결됐을 수도 있어요.

우선순위 1위 퇴사를 위한 3년 생활비 모으기
우선순위 2위 여행 경비
우선순위 3위 민이 엄마 창업 자금

제5 법칙 오늘 당장 해야 할 일을 정하라!

5년 후, 10년 후의 목표를 정했다면 그것을 위해 이번 달, 이번 주, 또는 당장 해야 할 일을 정해야 합니다. 미래는 하루하루 선택과 결정으로 정해지기 때문입니다.

예를 들어 제일 중요한 재무 목표인 '퇴사를 위한 3년 생활

비 모으기'에 우선 집중하기로 했다고 가정해 보겠습니다. 이를 위해서 두 번째 목표인 여행 자금 모으기를 병행할 것인지, 아니면 3년 생활비를 모으기 전까지 여행은 잠시 보류할 것인지 결정해야 합니다. 이 또한 개인의 선택입니다. 3년 생활비 모으려면 지금 상황에서 한 달에 내가 모을 수 있는 돈이 최대 얼마인지 알아야 합니다. 또 회사를 다니지 않는 상황에서의 한 달 생활비가 얼마인지도 확인해야 합니다. 이 두 가지 모두 현재의 지출 상황을 파악해야 그 답을 알 수 있습니다.

그렇다면 이 목표를 위해 오늘 당장 해야 할 일은 무엇일까요? 바로 지출 현황을 정확히 파악하는 것입니다. 우리 가족은 1년에 정확히 얼마를 쓰면서 살고 있을까요? 어떻게 알 수 있을까요? 다음에서 지출을 확인하는 구체적인 방법과 순서를 알아보겠습니다.

당신 가계는 1년에 얼마가 있으면 생활이 가능한가요? 은퇴 후에는 1년에 얼마가 있으면 생활이 가능한가요? 이 질문에 제대로 답변하는 사람이 거의 없습니다. 기본적으로는 최소 연간 수입만큼 필요하다고 할 수 있습니다. 하지만 가끔 생활비를 마이너스 통장에서 해결하는 경우에는 이 또한 답이 되지 못하죠.

현금 흐름이 복잡해지면서 사람들은 자신이 1년에 얼마를 벌고, 얼마를 쓰고, 얼마를 모으는지조차 파악하기 힘들어졌습니다. 3년 치 재무 목표를 숫자로 명확히 나타내려면 현금 흐름을 정확히 파악하는 절차가 필요합니다. 이 부분은 앞으로 자세히 설명할게요.

내 미래 계획

티나 코치의 조언을 받은 민이 아빠는 어떤 재무 목표를 세웠을까요?

민이 아빠의 재무 목표

재무 목표 **퇴사를 위한 3년 생활비 모으기**
영화평론가로 책도 내고 유튜브 등을 하면서 돈을 벌 수 있게 되는 기간을 약 3년으로 잡는다. 3년간의 생활비를 모으면 민이 아빠는 퇴사가 가능해진다. 이 경우 은퇴라는 것이 없으므로 70세까지는 수입을 유지할 수 있을 것으로 가정한다.

재무 목표 **민이의 4년 치 등록금 약 3,200만 원 만들기**
한 학기 등록금을 약 400만 원으로 잡았지만, 만약 아이가 이공계나 의대를 가게 되면 목표 금액을 상향 조정해야 한다.

재무 목표 **부부의 은퇴 자금 20년 생활비**
아직 금액을 확정할 수는 없지만 70세 이후 생활비를 미리 준비해야 한다. 민이 엄마와 아빠는 동갑이고, 여자가 오래 산다고 하니 민이 엄마가 90세까지 약 20년간의 노후 생활비가 필요하다.

재무 목표 **여행 경비**
가족여행을 매년 가기 위해 연 300만 원을 여행 경비로 책정한다. 민이가 중학교 가기 전에 여행을 많이 하고 싶다.

재무 목표 **서울 40평대로 주택 이전**
약 5억의 추가 자금이 필요하다.

재무 목표 **민이 엄마의 창업 자금**

민이가 초등학교 고학년이 되면 온라인상에서 수익을 낼 수 있는 무언가를
해 보고 싶다. 이를 위한 노트북 구입비, 교육비 등 약 1천만 원의 투자가
필요하다.

직접 목표 세우기

재무 목표
....
....
....
....

재무 목표
....
....
....
....

재무 목표
....
....
....
....

재무 목표
....
....
....

나는 1년에 얼마나 쓸까?

    대부분의 가계에서 지출은 매우 다양하고 복잡하지만, 수입은 매우 단조롭고 간단한 경우가 많습니다. 근로소득만 있는 가정에서는 근로소득이 더는 들어오지 않을 때 어떻게 대처할 수 있을지를 미리 고민해 봐야 합니다. 수입원은 다양할수록 좋고, 지출원은 단순할수록 관리가 편리합니다. 예시를 통해 한번 살펴볼까요?

나가는 현금 흐름 확인하기

STEP1 민이 아빠 가정의 지출 통로 확인하기

① 급여 통장(마이너스 통장, 신용카드 결제 통장), 관리비 자동
이체 통장, 민이 엄마 통장(민이 엄마 체크카드 1개), 각종
페이 충전용 통장

② 민이 아빠 신용카드 3개, 민이 엄마 신용카드(가족카드)
1개, 체크카드 1개

STEP2 월 고정 지출액 파악하기

준비물) 통장 거래 내역, 현금 사용 내역

월 합계를 낸 후, 12를 곱하면 1년 고정 지출액을 구할 수
있습니다. → 주로 숨만 쉬면서 살아도 나가는 돈입니다!

① 자동 이체 내역 - 통신비, 관리비 등 나가는 날짜가 일정
하고, 금액도 거의 비슷한 지출

② 매달 고정 지출 내역 - 학원비나 용돈 등 자동 이체를 하
지 않았지만 매달 이체하는 지출. 자동 이체를 걸지 않
은 이유를 확인하고, 특별한 이유가 없다면 이번 기회에
자동 이체를 설정해 주세요.

예시

항목	발생빈도	지출주체	지출의 통로	평균금액	세부내역	자동이체설정 여부
관리비	1개월	공통	통장1	300,000	여름이 많이 나옴	설정
가스비	1개월	공통	통장1	30,000	겨울이 많이 나옴	설정
휴대폰과 인터넷	1개월	공통	통장1	200,000	4인가족	설정
넷플릭스	1개월	민이아빠	통장1	10,000		설정
보험료	1개월	공통	통장1	600,000		설정
유류비	1개월	공통	통장1	200,000		
양가부모님용돈	1개월	공통	통장1	200,000		
아이 교육비	1개월	민이	민이엄마통장1	800,000	민이 피아노,학습지,수학학원,영어	미설정
아이 교육비	1개월	민이	민이엄마통장1	1,000,000	빈이 영어유치원 특별수업,문화센터	미설정
				3,340,000		
			1년 합계	40,080,000		

STEP3 월별로 나가야 하는 비경상 지출 합산

월	내용	구분	금액 2023년
1월	민이아빠 생일파티 외식	가족행사	100,000
2월	구정용돈: 양가부모님 **원, 조카나 친척 용돈 **원	경조사	500,000
3월	민이 할아버지 생신 용돈	경조사	200,000
3월	민이 생일파티와 선물	가족행사	100,000
4월	장인어른 생신	경조사	200,000
5월	어버이날 용돈	경조사	400,000
5월	빈이 생일파티와 선물	가족행사	100,000
5월	어린이날 외식 및 선물	가족행사	100,000
6월	자동차보험료	자동차	300,000
7월	장모님 생신	경조사	200,000
7월	재산세	주거비	300,000
8월	여름휴가비	경조사	2,000,000
8월	민이아빠 여동생 생일 용돈	경조사	100,000
9월	추석명절 용돈 및 장보기 지출, 재산세	경조사	700,000
9월	재산세	주거비	300,000
10월	민이엄마 생일파티 외식	가족행사	100,000
11월	민이엄마아빠 결혼기념일 외식비	가족행사	100,000
12월	크리스마스 기념 외식비	가족행사	100,000
	예비지출	기타	100,000
			6,000,000

여기까지 적으면 통장에서 바로 이체되거나 현금으로 지출된 금액이 거의 파악된 상태입니다. 통장 이체 내역 등을 살펴서 누락된 항목이 없다면, 이제 신용카드 등의 사용 내역을 세

부적으로 파악해야 합니다.

STEP4 변동 지출액 파악하기

준비물) 3개월 치 카드 명세서

카드가 3개라면 총 9장입니다. 엑셀이나 구글 스프레드시트를 활용할 수 있다면 사용 명세를 카드사 홈페이지에서 내려받아 준비합니다.

① 매월 반복적으로 지출하는 항목과 비경상적으로 발생하는 항목을 나눕니다(이때 STEP3에 포함된 항목은 제외).

② 항목별로 3개월 평균 사용액을 적어 봅니다.

항목	발생빈도	지출주체	지출의 통로	월평균 금액	1년 총합
장보기(마트)	1개월	민이엄마	체크카드1	2,000,000	24,000,000
외식비	1개월	민이아빠	신용카드1	200,000	2,400,000
외식비	1개월	민이엄마	체크카드1	100,000	1,200,000
배달음식비	1개월	민이엄마	체크카드1	200,000	2,400,000
용돈(친구만남, 취미)	1개월	민이아빠	신용카드2	300,000	3,600,000
용돈(친구만남, 취미)	1개월	민이엄마	체크카드1	300,000	3,600,000
아웃렛쇼핑	2개월~1년	민이엄마(아이들 옷)	신용카드3	N/A	1,000,000
미용관련	2개월~1년	민이아빠	신용카드1	N/A	500,000
미용관련	2개월~1년	민이엄마	체크카드1	N/A	1,000,000
의류, 가방, 신발	2개월~1년	민이아빠	신용카드1	N/A	1,000,000
의류, 가방, 신발	2개월~1년	민이엄마	체크카드1	N/A	1,000,000
					41,700,000

STEP5 합산

단계	성격	연간합계
STEP2	월단위 고정지출	40,080,000
STEP3	연단위 고정지출(경조사비,재산세,보험료 등)	6,000,000
STEP4	변동지출	41,700,000
STEP5	연간 지출 합계	87,780,000
	연간 수입 합계	78,600,000
		- 9,180,000

들어오는 현금 흐름 확인하기

STEP1 현금이 들어오는 통로 모두 확인

STEP2 매달 고정적으로 들어오는 현금 파악

급여 600만 원 × 12달 = 7,200만 원

STEP3 연 단위로 들어오는 현금 확인

정기 예금 이자 수익 = 약 50만 원

연말 상여금 = 600만 원

STEP4 비정기적인 수입

영화 동호회에서 강의하고 받은 강사료 10만 원

STEP5 합산

7,860만 원

연간 잉여 자금 확인하기

STEP5의 차액을 계산합니다.

연간 수입 — 연간 지출 = -918만 원(매월 적자액 76만 원)

매년 이 정도의 연간 잉여 자금(또는 부족 자금)이 남는지 생각해 봅니다. 만약 실제와 다른 숫자가 나왔다면, 다시 한번 위 STEP을 점검하면서 누락한 사항이 있는지 확인해 보세요.

순자산 확인하기

주택 시가 10억 원

금융 자산 3천만 원

마이너스 통장 잔액 1천만 원(생활비 부족액)

주택 포함 순자산 = 10억 2천만 원

난 생 처 음 금 융 여 행

가계부, 이런 게 궁금해요

Q) 마이너스 통장도 대출일까?

통장 잔고가 0이 되어도 돈을 출금 혹은 이체할 수 있는 마법 같은 마이너스 통장. 급하게 현금이 필요할 때 쉽게 쓸 수 있다는 장점이 있지만, 마이너스 통장은 대출입니다.

Q) 대출 원리금 상환액은 어디에 어떻게 적어야 할까?

상환액 중 이자에 해당하는 부분만 지출로 정리해야 합니다. 주택담보대출은 원리금 상환 방식으로 상환하는 경우가 많은데, 반드시 알아야 할 것은 '대출 상환을 위해 매달 이체하는 돈 중 얼마가 원금 상환에 쓰이는가?'입니다. 예를 들어 원리금을 매달 180만 원씩 갚을 때 100만 원이 이자, 80만 원이 원금이라면, 100만 원은 고정 지출이고 80만 원은 일종의 저축입니다. 원금을 상환하는 부분을 저축과 유사하게 보는 이유는 부채를 줄이고 순자산(자산-부채)를 늘려 주기 때문이죠.

Q) 보험료는 지출일까?

보험 상품은 내가 납입한 금액 중 일부가 적립되고, 일부는 위험 보험료나 사업비로 지출됩니다. 일반적으로 보장성 보험(종신 보험, 건강 보험, 실비 보험) 등은 지출로 처리하고요, 저축성 보험(연금 보험, 변액 보험 등)은 저축으로 처리합니다. 간혹 보장성 보험을 저축처럼 가입한 경우에는 실제 납입 보험료 중 얼마가 적립되는지 확인해 볼 필요가 있습니다. 보험 상품은 해약 환급금 또는 적립금을 홈페이지에서 확인해서 자산에 포함합니다.

Q) 현재 물가 기준의 재무 목표에 물가 상승률을 반영하려면?

10년 후 주택 마련 자금 5억 원을 재무 목표로 설정했는데, 10년이 지나 내가 사려고 하는 주택의 가격이 오르면 어떻게 할까요? 정확한 재무 목표 설정을 위하여 물가 상승률을 반영한 금액을 구할 때 재무계산기를 활용할 수 있습니다.

제3장
평생 즐기는 여행,
절세

FROM:
세금 공부

TO:
결정세액 줄이기

BOARDING PASS

이 장의 여행 메이트

 민이 아빠

 티나 코치 (김예희 회계사)

오늘은 세금을 덜 내기 위해 무엇을 해야 할지, 티나 코치에게 물어보는 여행입니다. 보통 세금이라고 하면 무섭다고 느끼죠? '세금폭탄을 맞았다'라는 기사를 보면 자영업자가 아니라 다행이라고도 생각합니다.

근로자인 민이 아빠가 세금에 대해 아는 것이라고는 연말정산을 잘해야 환급이 많이 된다는 정도입니다. 비슷한 연봉이라도 사람에 따라 연말정산 금액이 다른 걸 보면 어떻게 해야 할지 궁금한데, 홈택스는 너무 어렵고 헷갈리는 부분도 잔뜩입니다. 더 많이 돌려받고 싶은 월급쟁이는 세금에 관해 어떤 걸 잘 알아야 할까요?

* 이 내용은 작성일 기준 세법에 의한 것이므로 실제 적용 시에는 현행 세법을 꼭 확인하시기를 바랍니다.

내가 내는 세금은 얼마일까?

 저는 세금을 얼마나 내는지 잘 모르겠어요. 연봉을 8천만 원쯤 받으니 과세표준으로 생각해 보면 연봉의 35% 정도는 내는 거 같아요. 누진 공제는 또 뭐죠?

 많은 사람이 연봉을 과세표준(세율을 적용하는 기준)이라고 생각합니다. 종합소득세 세율표를 봤다면 그렇게 생각할 수 있죠. 그런데 다행히 연봉이 8천만 원이라도 세금을 그렇게 많이 내진 않습니다. 근로자도 공제받는 것들이 있어서 과세표준은 훨씬 낮아집니다.

대부분 세금을 얼마나 내는지 구체적으로 생각해 본 적이 없을 겁니다. 그저 작년보다 환급을 좀 덜 받았구나, 더 나왔구나 하고 생각합니다.

부양가족이 많고 연봉이 높지 않은 경우, 세액공제가 된다는 연금저축이나 IRP에 납입하더라도 세액공제 혜택을 받을 수 없는 경우가 생기죠. 이미 다른 공제로 납부할 세금이 없기 때문입니다. 반대로 연봉이 높고, 맞벌이라서 본인 카드를 많이 사용하지 않으면, 소득공제가 0원인 경우가 종종 있고요. 급여의 25%를 넘게 신용카드를 사용하지 못했기 때문입니다. 정작 당사자는 연금저축에 불입하면 당연히 세액공제를 받는다거나 신용카드를 사용하면 소득공제를 받는다고 알고 있습니다. 그러므로 효율적으로 돈 관리를 하려면 내가 내는 세금에 대해 아는 것이 중요합니다.

지금부터 '내가 내는 세금'이 얼마인지 확인하는 방법을 알아보겠습니다. 세금이 어떻게 계산되는지 알아야 제대로 된 절세 전략을 세울 수 있으니까요.

종합소득세 세율표(2023년 귀속)

과세표준	세율	누진공제
1,400만 원 이하	6%	-
5,000만 원 이하	15%	1,260,000원
8,800만 원 이하	24%	5,760,000원
1억 5천만 원 이하	35%	15,440,000원
3억 원 이하	38%	19,940,000원
5억 원 이하	40%	25,940,000원
10억 원 이하	42%	35,940,000원
10억 원 초과	45%	65,940,000원

난 생 처 음 금 융 여 행

소득세 용어 알아보기

소득공제, 세액공제, 결정세액

소득공제

내가 번 돈을 줄여 주는 개념입니다. 소득 자체를 줄여 주기 때문에 과세표준이 줄어들죠. 소득공제 금액에 세율을 적용한 금액만큼 세금이 줄어들기 때문에 소득공제 금액보다 적은 금액의 세금은 절세됩니다. 예를 들어 신용카드 사용으로 100만 원의 소득공제를 받으면 세금은 2만 원 정도 줄어듭니다. 공제 금액에 따른 절세액은 사람마다, 공제의 특성마다 모두 다릅니다.

세액공제

내가 번 돈에서 비용이나 공제 등을 제한 후 나온 과세표준에 세율을 적용해서 계산된 세금을 산출세액이라고 합니다. 그런데 개인은 산출세액을 납부하는 것이 아닙니다. 만약 자녀가 있거나 개인연금에 불입한 금액이 있으면 일부를 차감해 주기 때문이죠. 이렇게 세금에서 차감해 주는 공제를 세액공제라 부릅니다.

그러면 100만 원의 소득공제와 100만 원의 세액공제는 어떻게 다를까요? 세액공제가 결정세액을 더 많이 줄여줍니다.

같은 금액이라면 세액공제가 무조건 유리하다는 것, 기억해야
합니다.

결정세액

1년간 소득에 대해 내가 부담하는 세금입니다. 이 금액이
줄어드는 것이 소득세 절세의 최종 목표입니다.

난생처음 금융 여행

내가 낸 세금, 홈택스에서 확인하기

근로자가 연말정산만 한 경우

홈택스 로그인 → My홈택스 → 연말정산·지급명세서 → 지급명세서 등 제출 내역 → 지급명세서 보기 → 결정세액

우편물·전자고지·송달장소
민원·상담·불복·고충
현금영수증
연말정산·지급명세서
복지이음·장려금·학자금상환
과세자료·세무조사

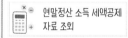 연말정산 소득 세액공제 자료 조회

 지급명세서 등 제출내역

5월에 종합소득세를 신고한 경우

홈택스 로그인 → 종합소득세 신고서((2***년귀속)종합소득세 농어촌특별세 지방소득세 과세표준확정신고 및 납부계산서) → ㉖ 결정세액

종합소득세 신고서 확인하기

홈택스에서 신고했을 때 소득세 신고 → 나의 신고 내역 조회 → 종합소득세 신고서 확인

세무 대리인에게 맡겼을 때 세무 대리인에게 종합소득세 신고서를 보내 달라고 요청

연말정산, 환급액에 현혹되지 마세요

연말정산의 진짜 주인공, 결정세액

연말정산에서 중요한 것은 환급액이 아니라 연말정산을 얼마나 제대로 했는지입니다. 환급액이 나왔다고 만족할 것이 아니라 더 환급받을 수 있었는지 알아봐야 하고, 환급액이 많은 사람을 부러워할 것이 아니라 안 내도 될 세금을 낸 건 없는지 검토하는 게 중요합니다.

환급액에 대한 오해를 풀려면 먼저 원천징수 제도를 이해해야 합니다. 원천징수란 국세청이 월급에서 세금을 미리 걷는 제도인데요, 미리 너무 많이 걷어 갔기 때문에 돌려주는 돈을 환급액이라고 합니다.

그렇다면 돌려주는 기준이 무엇일까요? 미리 납부한 세금(기납부세액)이 진짜 내야 할 세금(앞에서 확인한 결정세액)보다 많으면 돌려주는 것이죠. 진짜 납부할 세금은 연말정산을 통해 계산됩니다.

◆ 환급액이 있다고 무조건 절세한 것이 아닙니다. 환급액이 나온다는 것은 내가 미리 세금을 많이 냈다는 의미에요. 내가 최종 납부하는 세금, 즉 결정세액이 얼마인지가 중요합니다.

◆ 세금 절대 액수보다 중요한 것은 내가 받을 수 있는 절세 혜택을 모두 챙겼는지 여부입니다. 많이 벌면 세금은 많이 나올 수밖에 없어요. 하지만 내지 않아도 될 세금을 낼 필요는 없답니다. A와 B가 같은 연봉이고, 똑같은 소득세를 미리 냈다고 가정해 볼까요. A와 B는 환급액도 똑같습니다. 그렇다고 두 사람의 절세 성공도는 같을까요? 그렇지 않습니다. A는 받을 수 있는 모든 세금 혜택을 다 챙겨서 나온 결과이고, B는 소득공제를 받을 수 있는 부분을 못 받은 것이라면 어떨까요? 사람마다 공제받을 수 있는 조건이 모두 다르기 때문에 나의 절세 혜택은 내가 챙겨야 합니다.

◆ 환급받지 말아야 할 때도 있어요. 조건부 환급인 경우는 조건을 맞추지 못하면 사후에 더 큰 세금을 내야 할 수도 있기 때문이죠. 또 부당하게 환급받으면 나중에 세금을 더 많이 내야 합니다. 그러니 무조건 환급받게 해 주겠다는 광고를 조심해야 합니다.

절세가 목표가 되면 안 되는 이유

현명하게 하지 않으면 오히려 손해를 본다?

절세를 목적으로 의사결정을 하다 보면, 비합리적인 결과를 초래하는 경우가 많습니다.

쇼핑하러 가서 '30만 원 이상 구매 시 1만 원 상품권을 드립니다'라는 문구를 보는 순간, 우리 목표는 갑자기 '30만 원 이상 구매'가 되는 경험을 해 봤죠? 꼭 필요한 것을 다 샀는데 28만 원이 나왔다면, 계속 더 살 것이 없는지 생각합니다. 일단 가격표를 보면서 2~3만 원대 물건들을 찾지만, 대부분 가격이 훌쩍 넘어요. 그러다 2만 3천 원짜리 물건을 보는 순간 기쁘게 그 물건을 사고 성공했다고 느끼죠. 상품권 1만 원을 받느라 긴 줄을 서고, 1만 원을 받아 들고서는 흐뭇해합니다.

1만 원 상품권을 쓰기 위해 다시 2만 원어치 간식을 삽니다. 결과적으로 28만 원만 쓸 수 있었는데, 상품권을 타기 위해 총 31만 3천 원을 쓰고 쇼핑몰을 나섭니다. 나는 1만 원을 번 걸까요? 아니면 3만 3천 원을 낭비한 것일까요? 물론 꼭 필요하지 않았던 물건과 안 먹을 수 있었던 간식이 나에게 있긴 하지만요.

절세도 마찬가지입니다. 신용카드를 써야 연말정산에서 소득공제를 받는다면서, 신용카드 사용에 정당성을 부여하고 있는 것은 아닌지 생각해 봐야 합니다. 가장 현명한 사람은 신용카드 소득공제를 못 받더라도 불필요한 지출을 하지 않는 사람입니다. 연봉과 부양가족, 카드 사용 금액, 시기, 용도 등에 따라 실제 절세액은 다르지만, 일반적으로 근로자가 1만 원을 써서 받을 수 있는 추가 세금 절세액은 200~300원 정도입니다.

사업가 중에 법인세를 아낀다면서 고급 차를 리스해 타는 사람도 많죠? 사업에 필요한 경비를 마구 쓰면 세금은 무조건 줄어듭니다. 국세청은 남는 돈에 대해서만 세금을 거두기 때문입니다. 세금을 덜 내려고 경비를 아끼지 않고 쓰는 것은 마치 백화점 쇼핑에서 상품권 받겠다고 불필요한 지출을 하는 것과 마찬가지인 겁니다.

절세를 위한 잘못된 선택

세금을 나라에서 뺏어 가는 돈으로 생각하고, 손해 보는 한이 있어도 세금은 못 내겠다는 사람이 있습니다. 세금을 기부금처럼 생각해서, 많이 버는 만큼 나누어야 하는데 국가가 그 역할을 대신해 준다고 생각하고 기쁘게 내는 사람도 있고요. 어차피 내야 할 세금이라면 후자인 경우가 더 건강한 삶을 살 것 같습니다.

상속이나 증여세를 상담할 때도 마찬가지입니다. 세금을 줄이려고 아슬아슬한 줄타기를 하듯 위험을 감수하고 모험을 하려는 사람이 있습니다. 반면 세금을 좀 더 내더라도 가족 간의 분쟁이 최소화되는 방향 그리고 불확실성이 최소화되는 방향(향후 추징 위험이 없는 쪽)으로 의사 결정을 하는 경우도 있어요.

어느 쪽이 맞고 틀리고는 없습니다. 내 가치관이 무엇인지에 따라 세금과 관련된 의사 결정은 달라질 수 있죠. 그러니 무엇이 중요한지 기준을 가지고 절세 전략의 장단점을 잘 살펴봐야 합니다.

무엇보다 당장 세금을 덜 내거나 환급을 많이 받게 해 준다는 사람을 조심해야 합니다. 이후에 발생할 세금 추징 등에 대해서도 꾸준히 관리해 줄 수 있는지를 살펴보세요. 잘못된 세

난 생 처 음 금 융 여 행

금에 대해 국세청이 재징수해 가는 시기는 보통 3~5년, 길게는 10년도 걸립니다. 지금 절세를 제안하는 그 사람이 몇 년 후에도 해당 문제에 책임을 질 수 있는 사람인지 검증할 필요가 있습니다. 절세하려다 더 큰 세금을 낼 수도 있고, 절세하려다 매일 밤 불안한 마음으로 잠들 수도 있으니까요.

평생 쓸 수 있는 세무 역량 기르기

왜 세무 역량이 필요할까?

연말정산이나 소득세 강의, 무료 코칭 등을 하다 보면 납부하지 않아도 되는 세금이 납부된 사례를 많이 봅니다. 그중 몇 가지를 소개해 보겠습니다.

사례1
30대 1인 사업가가 간이과세자를 신청했으나 담당자 실수로 일반과세자로 사업자등록증이 발행됨. 대표는 이 사실을 모르고 있다가 세무 코칭을 받으며 인지했고, 다음 기수부터 간이과세자로 변경되었으나, 내지 않아도 될 부가가치세를 수백만 원 납부함.

사례2
30대 직장인 Y씨는 해외에서 MBA(경영학 석사) 과정 중 여름방학을 맞아 한국에서 인턴으로 근무하면서 월급을 받고 소득세를 납부하였음. 이때 미국 대학원 학비도 교육비 공제가 가능하다는 사실을 몰라서 공제를 누락함. 향후 이 사실을 알고 경정청구를 통해 세금을 환급받음.

사례3

50대 직장인 P씨는 20**년에 퇴사 후 재입사를 하지 아니함. 그다음 해 5월에 종합소득세를 신고하면서 회사에서 퇴사 시 처리한 연말정산 금액을 그대로 신고했고, 검토 결과 전업주부인 배우자공제, 20세 미만의 자녀공제 등 기본적 공제가 모두 누락되어 있었음. 이에 경정청구를 통해 소득세를 환급받음.

*퇴사 시 회사에서는 연도 중이기 때문에 연말정산을 제대로 해 주지 않는 경우가 대부분입니다. 중도 퇴사자들은 이듬해에 새로운 직장에서 연말정산을 할 수 없는 상황이라면, 5월에 잘 살펴보고 소득세 신고를 해야 합니다!

사례4

20대 직장인 C씨에게는 이혼하고 혼자 사시는 아버지가 계심(소득 없음). 이혼해 같이 살고 있지 않기 때문에 부양가족공제를 받을 수 없다고 생각함. 교육을 받고 추가 공제를 통해 소득세를 환급받음.

사례5

50대 자영업자는 세금 환급 사이트에서 소득세 신고한 것을 검토해 보니 전업주부인 배우자공제를 누락하였음.

사례6

60대 공무원은 인사부 담당자가 바뀌면서 10년 전 돌아가신 부모님공제를 신청해 과다환급을 받게 됨. 이 경우 향후 가산세까지 더 큰 세금을 납부하게 될 수 있음.

우리가 운전을 하려면 도로교통법을 알아야 하죠. 마찬가지로 돈을 다루는 경제 활동을 하려면 돈과 관련된 법을 알아야 합니다. 그중 대표적인 법이 바로 세법입니다.

세금을 모르고 살 때 겪을 일

어쩌다 세금 폭탄을 맞으면 나라 탓을 하면 된다. 또는 운이 나쁜 것으로 여기고 화를 내고 지나간다.

- 세금에 대한 수많은 '카더라' 정보에 휘둘려 하지 않아도 될 걱정까지 하게 된다.
- 내지 않아도 될 세금을 내면서 나라를 원망하는 날이 올 수도 있다.
- 세금을 남보다 조금 많이 내고 살아도, 많이 내는지 모르기 때문에 마음이 편하다. → 한편으로는 왜 돈이 안 모이는지 궁금해할 가능성이 큽니다!
- 내가 낸 세금을 돌려받으면서 공돈인 줄 착각하고 마구 써버리며 기뻐할 수 있다. → 역시 왜 돈은 안 모이는지 궁금해할 가능성이 큽니다!
- 세무 전문가를 찾아가야 할 타이밍을 놓치거나, 위험을 알려 주지 않는 세무사에게 나의 세금을 맡기게 된다.

세금을 알고 살면 좋은 점

- 내가 어느 정도 세금을 내는지 알고, 수입이나 지출에 대해 세금의 영향력까지 정확히 파악할 수 있다.
- 근로자라면 연봉 인상으로 인한 실질적 소득 증가액을 파악한 후 협상에 임할 수 있다.
- 사업자라면 사업의 손익 분기를 제대로 계산할 수 있으며, 세전 매출에 현혹되어 소비 지출부터 늘리는 우를 범하지 않을 수 있다.

난생처음 금융 여행

- 가족이 세금을 고민할 때 조언해 줄 수 있다.
- 주변 사람과 잘못된 정보로 토론하는 시간을 줄일 수 있다. → 제발 모르는 사람끼리 조언해 주지 마세요!
- 세무서도 가끔은 잘못된 고지서를 발행한다. 아는 만큼 대응할 수 있다.
- 적게 낸 것은 국세청이 잡는데, 많이 낸 것은 누가 챙길까? 내가 확인하지 않으면 아무도 챙겨 주지 않는다.
- 한번 배우면 평생 써먹을 수 있다.
- 투자 수익률을 결정하는 중요한 요소가 세금이다. 세금을 알고 투자하면 실질 수익률이 높아진다.

세금, 어떻게 공부해야 할까?

많은 사람이 세금 공부를 하겠다고 마음먹으면 "어떤 책으로 공부하면 좋을까요? 책 한 권 추천해 주세요"라고 합니다. 책 한 권을 처음부터 끝까지 쭉 읽고 나면 세금에 대해 어느 정도 수준은 달성할 것이라고 기대하기 때문이죠. 하지만 현실은 어떨까요? 어떤 책을 사도 세금 책을 쭉 읽는 것이 재밌기는 힘듭니다. 《수학의 정석》 앞부분만 여러 번 봤다는 '수포자' 이야기처럼, 세금 책도 앞부분만 읽다가 졸리고 지겨워서 포기하기 쉽죠. 그렇다면 좀 더 효과적인 방법은 무엇일까요? 모든 공부는 '궁금증'에서 시작해야 합니다. 내가 당장 궁금한 것부터 찾아보는 거죠. 다양한 영상이나 글을 보다 보면 이해되는 부분과 안 되는 부분이 생기죠? 이런 사항을 우선 적어보기를 추천합니다.

효과적인 세금 공부를 위해 다음과 같은 방법들을 활용해 볼까요?

- 공부한 것 글로 쓰기 글로 써야 내가 무엇을 알고 무엇을 모르는지 확실히 알 수 있다.
- 마인드맵 활용하기 머릿속에 세법의 큰 구조를 파악한 후에 정보를 받아들이는 것이 좋은데, 이때 마인드맵을 활

용하면 큰 도움이 된다. 디지털이 편한 사람은 무료 마인드맵 프로그램을 활용한다.

- **내가 낸 세금 다시 계산해 보기** 홈택스 모의계산을 활용한다.
- **온라인 상담 활용하기** 인터넷 세무 상담은 저렴한 가격에 활용할 수 있다. 내가 궁금한 세금이 소득세인지 부가가치세인지 등 어느 정도 내용을 알고 있는 상황이라면 국세는 국세청에, 지방세는 각 지방 구청에 문의할 수 있다.
- **세금 교육 영상 찾아서 들어보기** 똑같은 내용도 말하는 순서나 보는 관점에 따라 다양하게 전개된다. 같은 주제를 다룬 영상을 몇 번 보다 보면 중요한 것들은 머리에 남는다.
- **책 읽기** 먼저 국세청에서 발간하는 무료 책자를 살펴보자. 온라인에서 쉽게 다운로드받을 수 있다. 종이 책자가 보기 편하다면, 세무서에서 책자(온라인 자료가 모두 구비돼 있는 것은 아니지만)도 무료로 받아올 수 있다. 서점에 가서 관련 책을 사기 전에 나에게 필요한 책은 어떤 내용을 담고 있어야 하는지를 명확히 해야 한다.

세금 공부를 시작할 때 다음의 것들은 우선 꼭 살펴봐야 합니다.

- **다양한 세금 구분해서 이름 파악하기** 세법, 세금이라고 통칭해서 말하지만, 사실 소득세법, 부가가치세법, 지방세법

등 세법의 종류는 매우 다양하다. 내가 공부하려는 세금의 이름부터 확인해야 한다.

· 주요 용어 파악하기 일상에서는 돈을 벌면 수입, 수익, 소득 등 다양한 용어로 사용한다. 하지만 세법에서는 엄격하게 법적인 용어가 구분된다. 영어를 처음 배울 때 A, B, C를 익히듯이 용어부터 구분해서 인지하는 것이 중요하다.

용어 파악하기 사례

· 수입 금액 vs 소득 금액 비용(필요 경비) 차감 전에 번 돈을 수입 금액, 비용 차감한 후 금액을 소득 금액이라 한다.

· 신고 vs 납부 세금을 신고하면서 납부를 하는 것이 일반적이며, 납부가 면제되거나 납부할 세금이 없는 경우 신고만 할 수도 있다. 그러나 납부할 세금이 없다거나 '납부 면제'라고 해서 신고를 안 해도 된다는 의미는 아니다.

나에게 딱 맞는 세금 전문가 찾기

세무사, 법무사, 노무사, 인터넷 사이트

납부하는 세금의 이름을 구분해서 기억하고, 세금별로 기초적인 구조를 파악하는 것은 내 돈 관리에 있어서 매우 유용한 기술임을 앞서 강조했습니다. 하지만 내가 세무 전문가가 될 필요는 없어요. 세무 역량에는 세무 전문가를 잘 활용할 수 있는 능력도 포함됩니다.

그러면 좋은 세무 전문가나 세무 대리인은 어떻게 찾아야 할까요? 일단 자주 물어볼 수 있어야 하며, 세무적인 위험이 있다면 이를 정확히 알려 주는 사람이어야 합니다. 좋은 세무사를 판단하기 위해서라도 어느 정도의 세금 공부는 필요한 셈이죠.

세무사, 공인회계사

소득세, 법인세, 부가가치세 등의 세금 신고에 관한 문의는 세무사나 공인회계사에게 하면 됩니다. 양도소득세, 상속세, 증여세, 취득세 등 비경상적으로 발생하는 세금에 대해서는 관련 분야를 전문으로 하는 세무사, 또는 세무 업무를 하는 공인회계사에게 찾아가는 것이 좋습니다. 세금은 다양한 실무 경험이 중요하기 때문입니다. 금액적 중요성이 큰 세무 문제에 대해서는 다양한 의견을 들어보는 것도 필요합니다. 그러나 세무사 외 다른 전문가를 찾아가야 하는 상황도 있습니다.

법무사

법인 설립 시 필요한 등기 업무, 이사회 의사록 작성, 정관 작성 및 변경, 유언의 공증을 받는 등의 문제는 법무사를 통해 처리할 수 있습니다.

노무사

급여대장의 작성, 퇴사자의 처리 등 고용 관련 궁금증은 노무사에게 문의하면 됩니다. 노무사는 부당 해고나 산재 신청, 임금 체불 등에 관한 노동 사건을 대리하는 업무를 합니다. 노무사는 회사를 대리할 수도 있고 직원을 대리하기도 합니다. 예를 들어 직장 내 괴롭힘으로 회사를 신고하는 사건이라면 쌍방이 모두 노무사의 도움을 받을 수 있습니다.

유용한 사이트

- 국세청 사이트 nts.go.kr 납부 기한, 세율, FAQ 등 세금에 대한 공신력 있는 정보를 찾아볼 수 있으며, 세목별 정보에서 '세액계산 흐름도'를 보는 것은 해당 세금의 구조를 파악하는 데 도움이 된다.
- 홈택스[손택스] hometax.go.kr 내 세금을 신고하는 온라인

(모바일) 세무서. 실제 종합소득세를 신고하고, 연말정산 자료를 다운로드받을 수 있으며, 특히 홈택스 사이트의 모의계산을 활용하면 세금 공부에 도움이 된다.

• 납세자연맹 koreatax.org 납세자의 연말정산 사례를 모아 놓은 곳. 다른 사람의 환급 사례를 보면서 나에게 해당하는 것이 있는지 찾아볼 수 있다.

세금, 이런 게 궁금해요

Q) 국세청 사이트와 홈택스 사이트의 차이점은?

국세청은 일반적인 정보를 확인하는 곳으로, 일종의 도서관이라고 생각할 수 있습니다. 세법에 관한 정보가 필요할 때 블로그 글을 검색하기보다는 국세청 자료를 우선 확인하는 것이 좋습니다. 홈택스는 세무서입니다. 국세청에서는 일반적 자료를 확인하고, 내가 낸 세금이나 연말정산 자료 등 개인 정보가 필요한 자료는 홈택스에서 확인합니다.

Q) 세금을 내라는 우편물이 왔어요. 무슨 내용인지 어떻게 확인해야 하나요?

우리가 내는 세금은 크게 국가의 재정을 위해 납부하는 국세와 지방 자치 단체의 수입이 되는 지방세가 있습니다.

구분	종류	관할	신고 및 문의
국세	소득세, 부가가치세, 상속세, 증여세 등	국세청	관할 세무서, 홈택스 (문의 전화 126)
지방세	주민세, 재산세, 취득세, 자동차세 등	지방 자치 단체	위택스

이렇게 세무서에 문의할 것과 지방 자치 단체 세무과로 문의할 것이 다릅니다. 예를 들어 재산세는 지방세이므로 관련 문의는 구청 재산세과나 시청 세무과에 해야 합니다. 국세인 종합부동산세는 주소지 관할 세무서에서

부과하니 세무서로 문의해야 합니다. 세금 안내장이 오면 어디서 보낸 것인지 확인해 보세요. 우편물에 담당 부서와 담당자의 전화번호를 안내하고 있습니다. 문의 사항은 담당자와 통화하는 것이 가장 정확합니다. 담당자와 통화 후 전문가의 도움이 필요하다면 세무사를 찾아가면 됩니다.

Q) 세무사와 세무서 알아보기

세무사*는 전문 자격증을 가지고 세무 업무 서비스를 제공하는 사람입니다. 세금을 대신 신고해 주거나, 세무 조사가 나왔을 때 대신해서 세무서의 조사를 받아 주기도 합니다. 세무사가 여러분의 동의를 받아서 대신 조회할 수 있는 정보도 일부 있지만, 기본적으로 세무사는 당신의 대리인임을 잊지 마세요.

세무서는 우리에게 세금을 걷어 가는 행정기관입니다. 개인의 납세 정보는 모두 세무서에서 처리합니다. 국세청은 전국에 7개의 지방국세청(서울, 중부, 인천, 대전, 광주, 대구, 부산)과 그 아래 100여 개의 세무서를 두고 세금에 대한 전체적인 일을 관리합니다.

Q) 세무사와 공인회계사의 차이는?

공인회계사는 회계, 세무, 재무 관리 등의 업무를 하므로, 세무사의 업무 영역을 포함합니다. 바꾸어 말하면 세무사는 모두 세무 전문가이지만, 회계사 중에는 세무를 전문으로 하지 않는 경우도 많습니다.

* 세무 대리 업무를 할 수 있는 자격으로는 세무사 또는 공인회계사, 변호사가 있습니다. 세무사로 표기한 부분은 모두 세무 대리인으로 바꾸어 표현하는 것이 더 일반적이나 편의상 세무사로만 표기합니다.

직장인이 종합소득세를 신고해야 하는 경우는 금융 소득이 2천만 원이 넘거나 부업으로 사업소득이나 그 외 소득이 생겼을 때입니다. 종합소득세를 신고해야 하면 국세청에서 안내장을 보내 줍니다. 우편물을 못 받아서 신고를 누락하게 될까 봐 걱정된다면 홈택스(My홈택스 → 우편물 → 전자고지 → 송달장소)에 들어가 보세요. 거기서 내게 보낸 모든 안내장을 확인할 수 있습니다. 직장인인데 5월에 종합소득세를 신고해야 하는 대표적인 사례를 볼까요?

금융소득종합과세가 되는 경우 이자, 배당 등 합산하여 2천만 원이 넘으면 금융 소득 자료(금융 회사 제공)를 토대로 5월에 종합소득세를 신고해야 합니다.

사업소득이 발생한 경우 임대 사업으로 임대료 수입이 발생했거나 네트워크 마케팅 판매 수당을 받는 등 부업을 해서 사업소득이 발생했다면 5월에 별도의 소득세 신고를 해야 합니다.

그 외에도 종합소득세 신고 대상이 될 수 있는데, 어떤 이유로 신고 대상이 되었는지는 국세청에서 자세히 안내를 해 주기 때문에 안내장을 잘 살펴보면 됩니다.

세금 종류에 따라 수수료에는 차이가 있습니다. 사업을 시작하면 누구나 법인세와 부가가치세를 신고하고 납부해야 합니다(단 면세사업자는 부가가치세 신고 대신 사업장 현황 신고). 이를 위한 수수료는 주로 매월 지급하는 기장

료와 1년에 한 번 지급하는 조정료로 구성되는데, 매월 대신하는 업무의 범위나 복잡성에 따라 매달 납부하는 수수료는 몇만 원에서 몇백만 원에 이르기까지 매우 다양합니다. 장부를 만들지 않고 세금 신고만 대신하는 경우의 수수료는 '신고대리 수수료'라고 부르며 기장 및 조정 수수료보다 저렴합니다.

급여 외의 소득이 발생한 직장인은 장부를 만들지 않고 신고할 수 있는 경우가 대부분입니다. 따라서 5월에 한 번 세무사에게 '신고 수수료'를 내고 신고를 부탁하면 됩니다. 소득 금액이나 소득의 종류에 따라서 10만~100만 원까지 수수료가 다양하게 책정될 수 있으니, 몇 군데 알아보고 선택하면 됩니다. 최근에는 모바일로 편리하게 신고를 맡길 수 있는데, 이때는 세무 대리인이 대신하는 방식이 아니라, 내 홈택스 아이디를 빌려 주는 방식으로 진행되기도 합니다.

상속이나 증여, 양도 등으로 세금을 내야 하는 경우도 있습니다. 부동산을 양도하고 양도소득세를 내야 할 때, 부모님의 사망으로 상속을 받고 상속세를 신고하는 경우, 증여받은 재산이 생겨서 증여세를 신고할 때도 세무 대리인을 찾습니다. 이 경우 수수료는 정해진 것이 없습니다. 과세 물건의 금액이나 사안의 복잡성, 세무 대리인의 성향, 당시 추세 등에 따라 다르게 결정됩니다. 충분한 상담과 견적을 받고, 무조건 싼 곳보다는 소통이 잘 되고 전문성이 검증된 곳에 맡겨야 합니다.

Q) 세무사가 세금 신고를 잘못해서 가산세가 나오면 어떻게 하나요?

세무사는 세무 대리인이기 때문에 가산세를 포함한 모든 세금의 납부 책임은 당사자에게 있습니다. 물론 세무 대리인이 큰 실수나 잘못을 한 경우 가산세나 이미 지불한 수수료는 소송 등을 통해 돌려받을 수도 있지만, 현실적으로는 쉽지 않습니다. 그러므로 세무 대리인에게 맡기더라도 세금에 대해서는 스스로 어느 정도 파악하고 있어야 합니다. 소득세 환급액의 몇 %를 수수료로 받아 가는 시스템에서는 세금을 무리하게 낮추어 신고하려는 유인이 있으므로 더욱 조심해야 합니다.

Q) 부모가 자식에게 큰돈을 이체하면 국세청이 바로 증여세를 부과하나요?

일정 금액 이상의 돈을 이체하면 국세청에 보고가 된다는 이야기를 듣고, 바로 증여세가 과세될 것으로 생각하고 걱정할 수 있습니다. 국세청은 통보된 모든 자금 이체를 증여로 간주하지는 않습니다. 의심이 갈 때는 해당 자금 이체가 무엇인지 물어보고 증여에 해당한다면 증여세를 내라고 안내합니다. 이처럼 자금 이체의 사유를 물어보는 경우는 소득이 적은 자가 고가의 부동산을 매입해 자금 출처가 궁금할 때, 사업소득세에 관해 세무 조사를 하다가 개인 통장까지 보게 되었을 때, 상속세를 조사하다가 자금 이체에 대한 소명이 필요할 때 등입니다.

Q) 부동산을 팔아서 자녀에게 현금으로 주면 상속세를 안 내도 되나요?

부모님 사망 직전에 재산을 처분해서 상속인이 나누어 가지면 상속세를 내지 않아도 될까요? 국세청은 이러한 방식으로 상속세를 회피하는 것을 막기 위해 추정상속재산이란 제도를 만들어 두었습니다. 사망 1년 이내 기간에 2억 이상, 2년 이내 기간에 5억 이상의 현금이 인출되거나 부동산이 매각되는 등 자산을 처분한 경우 그 사용처를 소명해야 합니다. 사용처가 명확히 드러나지 않으면 상속재산으로 보아 상속세를 과세합니다. 대출을 받은 돈에 대해서도 마찬가지로 그 돈의 사용처를 소명하지 못하면 상속된 것으로 추정하여 상속세를 과세합니다.

부모님과 조부모님이 주신 돈은 10년간 합산해서 5천만 원까지는 증여세가 없습니다. 형제자매는 10년간 합산해서 1천만 원까지 세금 없이 증여할 수 있습니다. 예를 들어보겠습니다.

2020년 엄마가 1천만 원을 홍길동에게 주었습니다. 홍길동이 가족에게 돈을 받은 건 이번이 처음입니다. 이때 5천만 원 이하이므로 증여세를 신고할 필요가 없습니다.

2024년 10월 1일에는 할아버지가 5천만 원을 홍길동에게 주었습니다. 이 5천만 원을 받은 시점으로부터 과거 10년 동안 엄마, 아빠, 할머니, 할아버지, 외할머니, 외할아버지로부터 받은 돈을 모두 합산하면 총 6천만 원이 됩니다. 이 6천만 원 중에 5천만 원은 차감하고, 1천만 원에 대해서 10%의 세금을 냅니다(증여세를 내야 할 돈이 1억 원이 넘으면 세율은 올라갑니다. 증여세율은 국세청 홈페이지에서 확인할 수 있습니다). 그런데 할아버지가 준 돈인 경우에 '세대생략증여'라고 해서 30%의 세금을 추가 가산합니다. 결국 100만 원의 1.3배를 내게 됩니다.

2024년 10월 2일에는 형이 홍길동에게 1천만 원을 주었습니다. 형이 준 돈은 증여세를 내지 않습니다. 즉 직계존속(부모와 조부모)에게 받은 돈과 형제자매에게 받은 돈은 합산하지 않습니다. 그러나 다음 날 누나가 1천만 원을 더 준다면, 추가로 받은 1천만 원에 대해서는 증여세를 내야 합니다.

귀책 사유가 있는 배우자가 위자료를 돈으로 주지 않고 집으로 주는 경우가 있습니다. 그러면 국세청은 집을 팔아서 준 것과 동일하게 생각해서 주는 사람에게 양도소득세를 부과합니다. 집이 아닌 다른 부동산을 주는 경우도 마찬가지입니다. 즉 위자료로 주어야 할 돈 대신 부동산을 주었다면,

그만큼의 가치로 부동산 매매 차익을 실현했다고 보는 것입니다. 만약 위자료가 아니라 재산 분할의 형식으로 부동산을 주었다면 양도소득세는 과세되지 않습니다.

참고로 위자료를 받는 사람에게 증여세가 부과되지 않을까 걱정할 수 있는데, 위자료 수령에 대해서는 증여세를 부과하지 않습니다.

Q) 아파트를 증여하는데 왜 양도세를 내요?

A가 B에게 아파트를 무상으로 주는 경우 B는 증여세를 내야 합니다. 아파트를 주면서 해당 담보대출을 같이 넘기는 경우를 '부담부증여'라고 부르는데, 이때 B는 아파트 가격에서 대출 금액을 차감한 금액에 대해 증여세를 납부해야 합니다. 반면 A는 관련 해당 아파트의 양도차익에서 대출 비율만큼의 차익분에 대한 양도소득세를 납부해야 합니다. 증여세가 과세되지 않는 부분인 대출 금액에 대해 양도차익을 과세하기 위함입니다.

Q) 주택 명의를 공동 명의로 변경하고 싶어요.

처음부터 공동 명의로 주택을 취득하는 경우가 아니라면 증여에 의한 취득세를 내야 합니다. 또 명의 이전을 받는 배우자가 소득이 없는 경우 6억을 초과하는 지분에 대해서는 증여세가 과세될 수 있습니다. 만약 등기 시점으로부터 과거 10년간 배우자에게 증여한 금액이 있었다면 6억에서 해당 금액은 차감하고 계산해야 합니다.

Q) 사업을 하면 세무사가 필요할까요?

스스로 세금 신고를 해도 됩니다. 하지만 인건비가 지출되기 시작할 때나 복식부기를 하라는 안내를 받았을 때, 간편장부를 만들어서 소득세 신고를 하는 것이 유리할 때는 세무 전문가에게 맡기는 것이 효율적입니다.

난 생 처 음 금 융 여 행

사업을 하면서 벌어들이는 수입에 대해 부가가치세를 내는 것과 별도로 모든 사업자는 1년에 한 번 소득세(법인 사업자는 법인세)를 내야 합니다. 개인 사업자는 수입에서 업무상 경비를 차감한 후 금액(사업소득 금액)에 대하여 소득세를 납부하는데, 수입이 일정 금액 이상 넘어가면 복식부기장부를 만들어야 할 의무가 생깁니다.

간편장부, 복식부기장부는 사업하는 데 쓴 지출을 정리하는 사업가계부입니다. 법인과 일부 전문직 사업자는 무조건 복식부기로 장부를 만들어야 하는데, 혼자 하기가 어려워서 수수료를 주고 장부 만드는 일을 맡깁니다. 이를 우리는 '기장' 서비스를 받는다고 표현합니다.

사업장이 없고 직원도 고용하지 않는 1인 사업가(연예인, 보험설계사, 프리랜서 사업가 등)는 장부를 만들지 않는 것이 유리할 수도 있습니다. 장부를 만들지 않으면 가산세를 납부해야 하지만, 가산세를 포함한 세금 총액이 장부를 만들어 신고하는 세금보다 크지 않다면 장부를 만들 필요가 없겠지요.

그런데 이러한 유불리를 따져 보려면 본인의 사업을 위해 쓰는 지출이 어느 정도인지 파악하고 있어야 합니다. 결국 사업을 하면서 발생하는 현금흐름(수입과 지출)을 내가 잘 파악하고 있는 것이 절세 전략 수립에 필수입니다.

직접 파는 것이 아니라 다른 업체를 통해서 판매할 경우, 해당 업체에서 3.3%를 공제하고 대금 정산을 해 준다면 사업자등록증 없이 책(또는 전자책)으로 수입을 얻을 수 있습니다. 이때 연말정산 외 5월 종합소득세 신고를 해야 합니다.

책을 직접 판매할 때 일시적으로 생기는 수입이라면 사업자등록증을 내지 않고 기타소득으로 신고할 수 있습니다. 하지만 반복적이고 금액이 커진다면 사업자등록증을 내고 판매하는 것이 좋습니다.

출판업으로 사업자등록증을 내려면 우선 관할 구청에 출판사 신고를 해야 합니다. '출판사 신고 확인증'을 받아서 세무서에 제출하고 출판업으로 사업자등록증을 신청합니다. 출판업으로 사업자등록을 하는 경우 부가가치세 신고 및 납부가 면제되는 면세사업자가 됩니다.

출판업 신고를 하지 않고 사업자등록증을 낼 수도 있습니다. 이 경우에는 책값의 10%를 부가가치세로 납부해야 합니다.

Q) 원천징수가 무엇인가요?

원천징수는 소득이 발생하는 시점에서 세금을 '미리' 걷겠다는 취지의 제도입니다. 내가 낼 세금이 결론적으로 없다고 할지라도 일단 가져갑니다. 월급을 주는 기업이나 강사료나 용역비 등을 주는 기업이 돈을 주기 전에 원천징수를 해서 세무서에 대신 내줍니다. 원천징수를 하는 이유는 무엇일까요?

먼저 세무 당국의 행정상 편의 때문입니다. 미리 걷었다가 많이 낸 부분을 돌려주는 것이 나중에 걷기보다 쉽습니다. 돈 빌려줘 보신 분들은 아실 겁니다. 내 돈이라도 일단 남의 손으로 가 버리면 다시 받기 얼마나 힘든지. 세금도 마찬가지입니다. 일단 월급 주고, 나중에 세금 내라고 하면 걷기가 어렵습니다. 이런 이유로 국세청도 원천징수를 하는 것입니다. 두 번째로 세무 당국의 과세원 포착 방법이기도 합니다. 즉 세금을 낼 만한 사람을 알아두는 거죠. 원천징수를 하지 않으면 국세청은 누가 얼마를 버는지 알 방법이 없습니다. 원천징수를 통해 개인이 얼마나 돈을 벌었는지 알게 됩니다. 돈 버는 사람에게 세금을 걷어야 하니 누가 얼마나 돈을 벌고 있는지 파악하는 것은 국세청 입장에서 매우 중요한 일입니다.

그러면 기업은 왜 원천징수를 할까요? 인건비에 대해 원천징수를 하지 않으면 가산세를 내야 합니다. 또는 인건비 자체를 비용으로 인정받지 못해 세금을 많이 내야 합니다. 그래서 기업은 법인세(개인사업자라면 소득세)를 줄이기 위해 원천징수를 열심히 합니다.

연말정산은 원천징수한 소득세(기납부세액)와 진짜 내가 내야 할 세금(결정세액)의 차액을 비교하는 과정입니다.

제4장
삶의 안전벨트,
보험

FROM: 현명한 상품 선택

TO: 미래 위험 대비

BOARDING PASS

민이 아빠

이수성 CFP

우리가 많이 사용하는 단어 중에 보험이 있습니다. 투자를 할 때도 보험처럼 생각하고 비상 자금을 준비한다, 불확실한 일을 결정할 때도 보험으로 안전한 방법을 미리 준비하고 결정한다고 표현하죠. 하지만 보험을 부정적으로 생각할 때도 있습니다. 보험 사기, 가입하면 절대로 안 되는 상품이라고 이야기하기도 합니다. 보험과 관련한 기사에는 세상에서 가장 돈 낭비하는 게 보험에 가입하는 거라는 댓글이 달리기도 합니다. 그렇다면 우리에게 보험은 꼭 필요할까요? 만약 필요하다면 어떻게 해야 현명하게 보험을 준비할 수 있을까요?

보험은 인생의 안전벨트와 같습니다. 평소에는 그 존재를 잊고 살지만, 예기치 못한 사고가 발생했을 때 진가를 발휘합니다. 보험은 본인의 건강, 재산 그리고 사랑하는 가족을 보호하기 위해 존재합니다. 실제 상담을 하다 보면 이런 말을 많이 듣곤 합니다.

"이번에 아파 보니까 보험에 미리 가입한 게 정말 다행이더라고요."

보험, 꼭 들어야 할까?

 지금까지 돈만 내고 한 번도 보험금을 받은 적이 없어서 아까워요. 보험이 꼭 있어야 하나요?

 보험은 만일의 사태를 대비하기 위해 생겼습니다. 우리 삶은 예상치 못한 위험으로 가득 차 있습니다. 이러한 위험에서 발생할 수 있는 금전적 손실을 최소화하기 위해 보험이 존재합니다. 보험의 탄생 배경과 기본 원리를 이해하는 것은 보험 가입의 첫걸음입니다.

생각해 볼까요? 평범한 일상을 보내던 중, 갑자기 발생한 사고로 병원에 실려 갈 수 있습니다. 혹은 평소와 다름없이 출근하던 길에 자연재해를 만나 집과 소중한 추억들이 한순간에 무너져 내릴 수도 있죠. 이런 순간은 누구에게나 일어날 수 있고, 우리는 이에 대비할 준비가 되어 있지 않습니다.

그런데 만약 미리 대비해 두었다면 어떨까요? 여기서 '보험'이라는 개념이 등장합니다. 사고가 발생했을 때 경제적 부담 없이 치료를 받을 수 있게 해 주며, 자연재해로부터 집과 가족을 보호해 줍니다. 일할 수 없게 되면 생활비 등 필수 비용을 보장해 주면서 안정적인 생활을 유지할 수 있게 도와줍니다.

이 때문에 보험은 단순한 선택이 아닌 필수입니다. 우리 삶, 건강, 재산을 보호하는 가장 확실한 방법이죠. 보험 없이 예상치 못한 사고에 대처하려고 할 때의 경제적, 정신적 부담은 이루 말할 수 없습니다. 보험은 이러한 부담을 덜고, 우리가 평온하게 일상을 이어 갈 수 있도록 도와주는 든든한 지원군입니다.

어떤 보험을 선택해야 할까?

각자의 상황과 목적에 맞춰 알맞은 보험을 선택하는 것이 중요합니다. 보험은 크게 보장성 보험과 저축성 보험으로 나뉩니다. 우리는 보장성 보험으로 갑작스러운 사고나 질병에 대비할 수 있고, 저축성 보험을 통해 장기적으로 자산을 늘릴 수 있습니다.

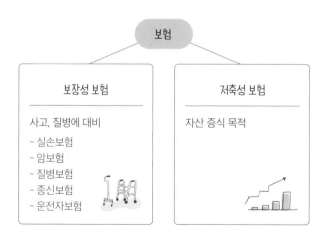

건강의 위험에 대비하자, 보장성 보험

실손보험, 암보험, 종신보험

보장성 보험은 주로 건강과 관련된 위험에 대비하는 보험입니다. 많은 사람이 가장 먼저 가입을 고려하는 보험 상품이죠. 흔히 실손보험, 실비보험으로 부르는 실손의료비보장보험이 대표적인 보장성 보험입니다. 우리나라에는 2023년 말 기준, 3,579만 건의 보험 계약이 있는 것으로 나타난 만큼 국민 대부분이 가입한 보험이기도 합니다. 암보험이나 종신보험, 자동차보험, 운전자보험 등도 보장성 보험입니다.

보장성 보험은 우리 삶과 직결된 위험에 대비하는 가장 기본적인 방법이기에 더욱 중요합니다. 예기치 않은 질병이나 사고로 인한 경제적 부담을 줄여 주고, 치료에 전념할 수 있는 환경을 제공해 삶을 안정적으로 유지하는 데 큰 역할을 합니다. 따라서 보장성 보험은 각자의 건강 상태나 경제적 여력에 맞춰 반드시 준비해야 합니다.

실손보험

실손보험은 실제로 발생한 병원비를 보장해 주는 보험입니다. 보험 가입자가 병원에서 치료받고 지출한 의료비의 일부 또는 전부를 보험사가 돌려줍니다. 질병이나 사고로 병원에 입원하거나 통원 치료를 하면서 발생한 병원비를 일정한 기준에 맞춰 돌려받을 수 있습니다.

실손보험은 갱신형 보험입니다. 매월 내야 하는 보험료가 처음 가입할 때의 보험료 그대로 유지되는 것이 아니라 1년, 3년, 5년의 주기에 따라 바뀝니다. 즉 일정한 주기마다 보험을 새롭게 가입하는 것처럼 조건이 바뀝니다. 물가가 올라서 병원비가 같이 오르기도 하고, 나이가 들수록 병원에 갈 일이 많아져서 자연스럽게 보험금을 많이 받을 수도 있습니다. 그러면 당연히 보험 회사는 늘어나는 보험금 지출에 맞춰 보험료를 올릴 수밖에 없습니다.

가입한 지 오래된 실손보험은 그동안 갱신되면서 보험료가 많이 올라 부담이 될 수 있습니다. 만약 본인의 연간 병원 방문 횟수 등을 확인하고 의료비 지출보다 보험료가 너무 부담스럽다면, 실손보험 전환제도를 통해 현재 판매 중인 실손보험으로 바꿀 수 있습니다. 과거 본인 부담금이 낮은 실손보험에 가입한 경우, 현재 판매 중인 실손보험으로 전환했을 때 보험료가 상당히 줄어들 수 있습니다. 따라서 실손보험을 가입한 보험사에 문의해 보는 것도 좋습니다.

다만 전환하기 전에 가지고 있던 실손보험과 전환 후 바뀌는 실손보험의 보장을 꼼꼼히 따져 보고 선택해야 합니다. 한번 전환을 한 실손보험은 6개월이 지나면 다시 예전 상품으로 되돌릴 수 없으므로 신중하게 결정해야 합니다.

실손보험에 관해서는 다시 자세하게 다루겠습니다.

암보험

암보험은 암에 걸렸을 때 보장받을 수 있는 건강보험의 한 종류입니다. 암은 뒤늦게 발견하면 장기적인 치료가 필요하고 치료에 큰돈이 들어갈 수 있습니다. 이럴 때 경제적으로 큰 도움이 됩니다.

예전에는 암에 걸리면 수술로 치료했지만, 지금은 항암 치료법이 다양해져서 방사선이나 각종 약물로 치료하는 경우도 많습니다. 하지만 다양해진 치료법만큼 치료비도 비싸졌죠.

국민건강보험에서는 암환자에게 많은 의료 지원을 해 줍니

진단 보장

암으로 진단 시 치료와 무관하게
보험금을 받을 수 있습니다.

치료비 보장

수술비, 입원비, 항암 치료비 등을
보장받을 수 있습니다.

암보험

생활비 지원

치료 기간 생활비를 지원하여
경제적 부담을 덜어 줍니다.

사망 및 후유장해 보장

암으로 인한 사망이나 후유장해 시
보장을 제공합니다.

다. 그래서 간혹 암에 걸려도 병원비가 얼마 나오지 않으니 암보험이 필요 없다고 이야기하는 사람도 있습니다.

하지만 건강보험 적용이 되지 않는 치료비에 대한 부담이나 치료 기간에 일을 중단함으로써 발생하는 생활비 부담, 회복을 위해 지출하는 건강보조식품 비용, 간병인 비용 등 다양한 비용이 발생할 수 있으므로 암보험은 꼭 필요합니다.

2대 질병보험

2대 질병은 뇌혈관 질환과 심장 질환을 말하며, 최근 식습관이나 음주, 흡연 등으로 혈관에 문제가 생기는 사람이 꾸준히 늘어나고 있습니다. 뇌와 심장에 발생하는 질병은 영구적인 장해를 남기거나 막대한 치료비를 불러일으키는 등 경제적 문제를 가져옵니다.

뇌혈관 질환은 갑작스럽게 발생해 심각한 후유증을 남길 수 있으므로, 이에 대한 경제적 대비가 필요합니다. 예전에 중풍이라 불리던 뇌경색은 뇌혈관이 막히면서 막힌 부위의 뇌 활동에 문제가 생기는 질병입니다. 사지가 마비되거나 말을 제대로 못 하는 등 후유증을 남기기 쉽습니다. 그 밖에도 뇌혈관이 파열되거나 부풀어 오르는 등 다양한 뇌혈관 질환이 있습니다.

심장에는 연결된 혈관이 기름 찌꺼기로 좁아지거나 막혀서 협심증, 급성심근경색증 등이 나타날 수 있습니다. 또 심장이 불규칙하게 뛰는 부정맥, 심장 근육에 염증이 생기는 등 다양한 질병들이 발생합니다.

2대 질병 보험의 주요 보장은 다음과 같습니다.

질병보험

2대 질병 진단 보장

뇌혈관 질환, 심장 질환 진단 시 치료와 무관하게 보장받을 수 있습니다.

치료비 보장

수술비, 입원비, 재활 치료비 등을 보장합니다.

후유장해 보장

뇌혈관과 심장의 질병으로 인한 후유장해 시 보험금을 지급합니다.

종신보험, 정기보험

종신보험과 정기보험은 사망 시 보험금이 지급되는 보험입니다. 종신보험은 보험 가입자가 언제 사망하더라도 보험금이 지급됩니다. 반면 정기보험은 10년, 60세 등으로 정한 보장 기간만 사망 보장을 제공합니다.

종신보험과 정기보험의 주요 특징은 다음과 같습니다.

종신보험

종신 사망 보장

보험 가입자가 언제 사망하더라도
보험금이 지급되어 가족의 경제적
안정을 도모합니다.

자산 이전

보험금 상속, 상속세 납부 재원 등
재정 계획에 유용합니다.

정기보험

사망 보장

10년, 60세 등 정해진
기간 내에 사망하는
경우에 보험금이
지급됩니다.

저렴한 보험료

종신보험보다
저렴한 보험료로
사망의 위험에
대비할 수 있습니다.

순수 보장성 보험

보험료가 저렴하지만,
보장 기간이 끝나면
돌려받는 환급금이
없습니다.

저축성 보험으로 돈 모으기

저축성 보험은 내가 낸 보험료보다 나중에 돌려받는 보험금이 큰 보험입니다. 보험 상품 이름에 연금, 저축 등이 적혀 있으며, 가입할 때 정한 기간 동안 보험료를 내고 나중에 목돈으로 돌려받거나 장기간에 걸쳐 연금 형태로 나누어 받는 보험 상품입니다.

당신은 카페에 앉아 커피를 마시며 미래에 대한 계획을 세우고 있습니다. 당신의 목표 중 하나가 장기적인 저축을 통해 자산을 늘리는 것이라고 가정해 봅시다. 이때 일반 예금이나 적금과 함께 저축성 보험을 고려하게 되죠. 저축성 보험은 마치 커피와 같아서, 잘 선택하면 재정 건강에 좋은 영향을 줄 수 있습니다. 하지만 저축성 보험을 선택할 때 주의해야 할 점이 있습니다.

저축성 보험의 가장 큰 단점 중 하나는 사업비 부담입니다. 사업비는 내가 낸 보험료 일부가 저축이 아닌 다른 비용으로 사용되는 것을 의미합니다. 고급 카페에서 비싼 커피를 마실 때 처음에는 특별한 맛과 경험을 제공한다고 느낄 수 있지만, 여러 번 반복되면 비싼 가격이 부담으로 느껴질 수 있습니다. 마찬가지로 매월 내는 보험료에서 부담하는 사업비는 저축성 보험의 여러 장점에도 불구하고 소비자를 부담스럽게 하는

비과세 적용 보험 세부 요건

구분	유지 기간	납입 방법	납입 한도	납입 기간	보험금 수령 조건	그외 조건
종신형 연금보험 (연금 목적)	평생	월납, 연납, 일시납 등	-	-	보험료 납입 기간 만료 후 55세 이후부터 사망 시까지 연금 수령	·계약자＝피보험자 ＝수익자 ·연금 개시 전후 중도 인출 불가 ·사망 시 계약 소멸 ·보증 지급 기간은 기대 여명 이내 ·연금 개시 후 해지 불가 ·연간 연금 수령액 한도 내
월적립식 보험 (목돈 적립)	10년 이상	월납	150만	5년 이상	10년 이후 일시납/ 연금	·6개월 내 선납 가능 ·기본 보험료 균등 ·기본 보험료 1배 내 증액 가능
비월적립식 보험 (목돈 운용)		월납, 연납, 일시납 등	1억 이하	-		·10년 내 확정 기간 연금 지급 시 과세 ·분기납, 반기납, 연납, 일시납, 추가 납입 등

원인입니다.

하지만 저축성 보험에는 큰 장점도 있습니다. 바로 조건을 맞춘다면 비과세 혜택을 받을 수 있다는 점입니다. 마치 카페에서 스탬프 카드를 채워 무료 커피를 받는 것과 비슷합니다. 일정 기간 꾸준히 보험료를 납입하고 정해진 조건을 충족하면, 미래에 받게 될 보험금에 대해 세금을 내지 않아도 됩니다. 비과세 혜택은 장기적으로 볼 때 자산 증식에 상당한 도움을 줄 수 있습니다.

따라서 저축성 보험을 선택할 때는 이 두 가지 측면을 모두 고려해야 합니다. 높은 사업비가 재정 계획에 어떤 영향을 미칠지, 비과세 혜택을 어떻게 최대한 활용할 수 있을지 신중하게 생각해 보세요. 비싼 커피를 계속 마실 수 있을지 그래서 무료 음료를 마실 수 있는 스탬프 카드를 채울 수 있는지 따져 봐야 합니다. 그래야만 나에게 꼭 맞는 저축성 보험을 선택할 수 있습니다.

새로운 회계 기준 IFRS17이 소비자에게 미치는 영향

2023년부터 보험사들은 새로운 규칙, IFRS17을 따라야 합니다. 이 규칙은 보험 회사가 돈을 어떻게 다루고 계산하는지를 바꾸는데요, 특히 회사가 앞으로 지불해야 할 돈(보험금 등)을 얼마나 가지고 있는지 현재 시장 가격으로 정확하게 평가하게 만듭니다. 이로 인해 보험 회사는 자기들의 재정 상태를 더 잘 파악하고 관리할 수 있게 됩니다.

그래서 보험사는 보장성 보험의 비중을 높이려는 경향을 보이고 있습니다. 그 이유는 새 기준에 따른 보험 부채 평가 방식 때문인데, 보장성 보험은 계약 이익을 현재 가치로 나타내는 CSM이 높게 측정돼 보험사의 재무 건전성을 강화하는 데 기여하기 때문입니다.

이러한 변화는 소비자 선택에도 영향을 미칠 겁니다. 보험사들이 이 분야의 상품 개발과 마케팅에 더 많은 자원을 할당할 가능성이 크기 때문이죠. 이는 소비자에게 더 다양하고 맞춤화된 보장성 보험 상품을 제공할 기회가 될 수 있지만, 동시에 저축성 보험 상품의 다양성과 선택권이 줄어들 수도 있습니다.

단기납 종신보험을 저축의 목적으로 판매하는 행위도 이런 변화의 결과일지 모릅니다. 나에게 보험 상품을 권유하는 목적이 보험사를 위한 것인지 아니면 나를 위한 것인지 꼭 검토하시길 바랍니다.

어떻게 선택해야 할까?

보험은 갑작스러운 사고나 질병에 대비하여 미리 준비하는 것입니다. 언제 이런 일이 생길지 모르니 소액의 보험료를 지출하는 대신 사고나 질병이 발생하면 경제적 보장을 제공받는 것이죠. 하지만 수많은 보험사와 보험 상품이 있으니 나에게 꼭 맞는 상품을 가입하는 것이 중요합니다.

다양한 상품 비교

각 보험 회사의 보험 상품을 비교해 가장 적합한 상품을 고르는 것이 좋습니다. 보장 범위나 보험료, 보험료의 납입 기간, 보장 기간 등 조건을 달리해서 비교하는 것도 필요합니다.

저축성 보험의 필요 여부

장기적인 자산 증식 목적으로 저축성 보험은 효과적인 수단입니다. 세법에 따른 가입 조건, 다양한 상품별 특징 등 전문가의 도움이 꼭 필요한 부분이 많습니다.

누가 계약하고 누가 받을까?

계약자, 피보험자, 수익자 등 보험 계약에 관련된 관계자의 역할과 권리를 정확히 이해해야 합니다. 각자의 권리와 의무를 알고 있어야 현명하게 계약할 수 있겠죠. 그런데 보험 계약의 90% 이상이 계약자, 피보험자, 수익자를 동일한 사람으로 설정해 가입한다고 합니다.

보험 계약자

보험 계약의 권리를 가진 사람입니다. 즉 계약을 체결하고 보험 계약을 유지하는 사람이죠. 보험 계약자는 보험 상품의 내용을 변경하거나 보험을 해지할 권리가 있습니다. 하지만 보험료를 납부하는 의무도 있어요.

피보험자

보험 사고의 대상자, 즉 보험금 지급의 기준이 되는 사람입니다. 피보험자가 사망하거나 사고로 장애가 발생하거나 질병에 걸리는 등 보험 사고 발생 시에 보험금 지급이 이루어집니다. 처음 보험 상품에 가입할 땐 반드시 기존의 병력과 직업 등을 고지해야 하며 피보험자의 건강 상태, 나이와 성별 등의 조건에 따라 보장 내용과 보험료가 달라집니다.

보험 수익자

보험 계약 시 미리 지정하는, 보험금을 실제로 받는 사람입니다. 피보험자에게 보험 사고가 발생했을 때나 보험 계약이 만기가 되었을 때 정해진 보험금을 수익자가 받게 됩니다. 보험 수익자는 처음 보험 계약을 할 때 계약자가 지정할 수도 있고, 사망 시 수익자를 법정 상속인으로 지정하는 등 법에서 정한 수익자로 지정할 수도 있습니다. 또 치매 상태 등으로 보험금 청구가 불가능한 경우 다른 사람이 청구할 수 있도록 대리인을 지정할 수도 있어요.

모두 같을 수도, 다를 수도 있어요

보험 계약에서 이 세 역할은 모두 같은 사람일 수도 있고, 각각 다른 사람일 수도 있습니다. 만약 나를 위해 가입했을 때는 계약자와 피보험자, 수익자가 모두 본인이 될 수 있어요.

하지만 부모님이 자녀를 위해 보험에 가입한다면, 부모님이 계약자, 자녀가 피보험자 그리고 수익자는 또 다른 가족 구성원이 될 수도 있죠.

계약자, 피보험자, 수익자의 역할을 정확히 이해하는 것은 마치 퍼즐 조각을 맞추는 것과 같습니다. 각각의 역할을 올바르게 설정하면 보험의 효과를 극대화할 수 있고, 세금을 절약하는 방법도 찾을 수 있습니다.

종신보험에 가입할 때 보통 계약자, 피보험자를 같은 사람으로 설정하는 경우가 많습니다. 이는 가장 간단하고 직관적인 방법이지만, 때로는 분리해 설정함으로써 더 많은 혜택을 누릴 수도 있습니다. 맞벌이하는 부부라면 배우자 사망 시 보험금이 지급되는 보험은 계약자와 피보험자를 서로 교차해 가입하는 것이 유리합니다. 남편이 계약자, 아내가 피보험자인 종신보험에 가입했다면, 아내 사망 시 수익자를 남편으로 하여 가입하는 것이 상속세를 내지 않는 방법입니다. 특히 부부 중 한 명에게 자산 대부분이 몰려 있다면 상속세 부담을 덜기 위해 종신보험을 활용하는 것도 도움이 됩니다.

부모가 계약자가 되고, 자녀가 피보험자가 되는 경우도 있습니다. 그러면 상대적으로 나이가 적은 자녀는 부모가 사망한 이후 보험 계약을 상속받아서 유지할 수 있습니다. 만약 연금보험이라면 자녀가 사망할 때까지 연금을 받을 수 있으니 더 많은 연금을 받을 방법으로 활용할 수 있겠죠.

보험금을 받을 수익자를 지정하는 것도 중요합니다. 수익자를 통해 보험금이 지급될 대상을 명확히 할 수 있으니, 가족 간 분쟁을 방지할 수 있고 어떤 경우에는 보험 이익의 극대화를 기대할 수도 있습니다. 특정 상황에서는 수익자를 변경해 보험의 역할에 더 충실히 할 수 있도록 관리할 수 있습니다.

보험 상품의 약관이야말로 가장 어렵고 복잡한 내용을 담고 있는 자료입니다. 보험 상품의 내용을 정확하게 파악하고 잘 설계된 보험에 가입하는 것이 미래에 발생할 수 있는 보험사와 소비자의 분쟁을 막을 방법입니다.

어렵고 복잡한 보험 상품을 효과적으로 이용하기 위해 전문가와 상담을 하는 것이 필요합니다. 보험 관계자의 설정이나 세법에 따른 절세 전략, 내 상황에 필요한 보장 내용 등 다양한 고려 사항을 전문가와의 상담을 통해 충분히 이해하고

상속세 과세 대상

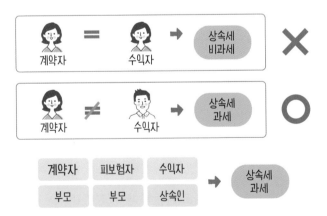

난 생 처 음 금 융 여 행

보험에 가입할 때, 불필요한 보험료 지출은 줄이고 충분한 보험의 혜택을 누릴 수 있습니다.

현명하게 보험 이용하기

실손보험 갈아타기

 제가 가입한 실손보험의 보험료가 너무 올랐어요. 착한 실손보험이 있다던데 갈아탈지 고민이에요.

 갈아탈지 결정하려면 세대별 실손보험의 특징을 먼저 이해해야 합니다. 1세대 실손보험은 가장 초기 상품으로, 보장 조건은 유리하지만, 보험료가 비싸다는 단점이 있어요. 2세대와 3세대는 일부 보장 항목을 조정하여 나온 실손보험 상품입니다. 특히 3세대부터 비급여 항목의 보장이 제한되기 시작했습니다.

4세대 실손보험, 즉 '착한 실손보험'은 보험료의 안정성을

실손보험 연도별 평균 인상률

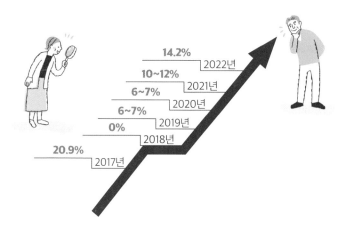

14.2% — 2022년
10~12% — 2021년
6~7% — 2020년
6~7% — 2019년
0% — 2018년
20.9% — 2017년

가입 시기별 실손보험 비교

구분	1세대 구(舊)실손보험	2세대 표준화 실손보험	3세대 신(新)실손보험	4세대 실손보험
가입 시기	~2009년 9월	2009년 10월 ~2017년 3월	2017년 4월 ~2021년 6월	2021년 7월 ~
자기부담금	0%	10%	급여 10% 비급여 20%	급여 20% 비급여 30%
갱신 주기	5년	3년	1년	1년
특징	• 자기 부담금 없이 상해, 질병 입원 치료비 보장 • 통원 치료 시 자기 부담금 5천 원		• 비급여 주사약, 도수 치료 등 일부 비급여 치료를 특약으로 분리	• 비급여 치료 전체를 특약으로 분리 • 의료 이용량에 따라 보험료 할증, 할인 도입

더욱 강화한 상품입니다. 보험료 인상률을 낮추고, 비급여 항목에 대한 보장을 더 세부적으로 조정했어요. 또 비급여 의료 이용량에 따라 개인별로 보험료를 차등 적용하는 변화도 있었죠. 이는 실손보험 가입자들이 보험료 부담을 줄이고, 갱신할 때 급격한 보험료 인상을 경험하지 않도록 만들어졌습니다.

내가 가입한 실손보험은 어떤 조건인지, '착한 실손보험'으로 갈아타면 바뀌는 보장 조건이 무엇인지 비교해 보는 것이 중요합니다. 4세대 실손보험은 보험료 부담은 낮아질 수 있지만 비급여 항목에 대한 보장이 줄어들 수 있으니까요.

4세대 실손보험 가입 시 고려 사항

4세대 실손보험 비급여 보험료 차등제는 2024년 보험 제도 변경 사항 중 하나인데요. 보험 소비자의 보험료 부담을 더 공평하게 조정하려는 조처라고 합니다. 구체적으로는 지난 1년간 비급여 항목(건강보험 적용이 안 되는 의료 행위)에 대한 보험금 청구 금액에 따라 갱신 시 보험료를 할인하거나 할증하는 방식입니다.

이 변경 사항은 2021년 7월 이후(4세대) 실손보험에 가입한 사람에게 적용되며, 암이나 심장 질환과 같은 중대 질병 치료비, 1~2등급 노인 장기 요양 비용은 이번 조정에서 제외됩니다.

이렇게 보험료를 조정해서 보험을 더 많이 이용하는 사람과 덜 이용하는 사람 사이의 보험료 부담을 조금 더 공평하게

비급여 의료 이용량에 따른 특약보험료 할인, 할증 구간

구분	1단계(할인)	2단계(유지)	3단계(할증)	4단계(할증)	5단계(할증)
직전 1년간 비급여 보험금 지급액	0원	100만 원 미만	100만 원 이상 ~ 150만 원 미만	150만 원 이상 ~ 300만 원 미만	300만 원 이상~
할인, 할증율	할인*	-	100%	200%	300%

* 보험료 할증(3~5단계) 금액은 보험료 할인(1단계) 재원으로 활용

분배하려는 것이죠. 즉 병원을 자주 이용하지 않는 사람은 보험료 할인 혜택을 받고, 반대로 자주 이용하는 사람은 보험료가 조금 더 올라갈 수 있습니다.

이번 제도 변경으로 실손보험 가입자는 병원 비급여 항목을 이용할 때 좀 더 신중하게 결정할 수 있게 되었습니다. 병원을 자주 가고 비급여 항목의 치료를 많이 받는다면 4세대 실손보험으로 갈아타는 것이 꼭 유리한 것은 아니니 주의해야 합니다.

직원 복지로 제공하는 단체보험

단체보험은 주로 고용주가 직원 복지 차원에서 제공합니다. 보장 범위가 제한적일 수도 있으며, 상해사고만 보장하거나 실손보험부터 사망까지 폭넓게 보장하기도 합니다. 직장의 단체보험에서 실손보험에 가입하는 경우 일반적으로 보상 한도를 1천만 원이나 3천만 원으로 정하는데, 만약 개인이 실손보험을 이미 가지고 있다면 중복으로 보장하지 않고 단체보험과 개인보험에서 비례보상이 이루어집니다.

예를 들어 병원비가 600만 원이 나왔는데 직장에서 가입된 단체보험의 실손보험이 1천만 원 한도, 개인 실손보험이 5천만 원 한도라면, 단체보험의 보험 회사가 100만 원, 개인보험의 보험 회사는 500만 원으로 나눠서 비례보상을 하는 거죠. 만약 개인 실손보험에서 전부 보장받고 직장에서도 받았다면 회사가 단체 실손보험에 가입한 것이 아니라 '복리후생비'라는 명목으로 회계 처리한 것으로 봐야 합니다.

단체보험에 가입되어 있어도 개인의 보장성 보험 준비는 필요합니다. 직장의 단체보험 보장이 너무 적거나 일부 상해만 보장받는 경우, 이직을 해서 단체보험 혜택이 사라지는 경우 등 개인의 보장성 보험이 필요한 상황은 꼭 생깁니다.

갱신형 보험 vs 비갱신형 보험

보험을 선택할 때 갱신형과 비갱신형 중 어떤 것을 선택할지 고민하는 것은 매우 중요한 결정입니다. 이 선택은 장기적으로 보험료 부담과 보장의 크기에 큰 영향을 미칩니다.

갱신형 보험은 초기 보험료가 비교적 저렴한 편입니다. 이는 초기에 보험에 가입하는 사람에게 매력적인 옵션이 될 수 있죠. 하지만 갱신형 보험은 정해진 갱신 기간마다 보험을 새로 가입하는 것처럼 보험료가 새롭게 정해집니다. 이는 곧 나이가 들수록 보험료가 인상된다는 의미입니다.

갱신형과 비갱신형 비교

갱신형		비갱신형
만기까지 매월 납입	보험료 납입 기간	만기까지, 혹은 일정 기간 납입
1, 3, 5년 단위로 갱신	보험 기간	갱신 없음
초기 보험료 저렴	장점	보험료 변동이 없음
갱신 때 보험료 상승	단점	초기 보험료가 높음
소득이 적은 사회 초년생	선호 계층	충분한 보험료 부담이 가능한 40대

직장인 대부분은 퇴직한 후에 소득이 줄어들기 때문에, 계속 보험료를 내는 것이 상당한 부담으로 다가옵니다. 따라서 갱신형 보험을 선택할 때는 정년 이후의 경제 상황을 포함해 장기적인 보험료 부담을 신중하게 고려해야 합니다.

반면 비갱신형 보험은 보험료가 바뀌지 않고 납입 기간 전체에 동일하게 유지됩니다. 초기에는 갱신형 보험보다 보험료가 비싸지만, 장기적으로 보았을 때 보험료 인상에 대한 걱정 없이 계속해서 보장을 받을 수 있는 장점이 있습니다.

비갱신형 보험은 특히 정년 후에도 예측 가능한 보험료로 안정적인 보장을 원하는 사람에게 적합합니다. 소득이 줄어들거나 경제 활동이 줄어드는 시기에도 보험료 부담이 늘어나지 않기 때문에, 미리 계획하고 준비하는 사람들에게 좋은 선택이 될 수 있습니다.

반면 사회 초년생이라면, 보험료 부담이 너무 높으면 저축과 투자를 충분히 하지 못할 수 있습니다. 소득은 적지만 보장이 꼭 필요한 경우에 갱신형 보험이 더 유리할 수도 있습니다.

따라서 갱신형과 비갱신형 보험 중에서 선택할 때는 보험료의 초기 부담뿐만 아니라, 만기까지의 장기적인 부담과 보장성을 꼼꼼히 고려해야 합니다. 특히 근로 기간이 끝나고 소득이 줄어들 예정인 정년 이후의 경제 상황까지 고려해 가장 현명한 결정을 내리는 것이 중요합니다.

투자의 기회, 변액보험

변액보험은 보험 안에 작은 투자 상자를 넣어둔 것 같은 상품입니다. 내는 보험료 중 일부를 주식이나 채권 같은 곳에 투자하는 거죠. 펀드를 잘 운용해서 성장하면 보험 가치도 커지지만, 잘 안 되면 줄어들 수도 있습니다. 그래서 변액보험은 무조건 좋다, 나쁘다로 판단하는 게 아니라 가치를 높일 기회가 생기는 거라고 생각해야 합니다. 변액보험은 수수료 부담을 꼼꼼히 따져 봐야 하고, 가입 후에는 장기간에 걸쳐 잘 관리해 주는 것이 필요한 투자형 보험 상품입니다.

변액보험은 투자 결과에 따라 받을 수 있는 보험금이 달라지므로 장기적인 자산 증식의 도구로 활용할 수 있습니다. 하지만 몇 가지 주의해야 할 점이 있어요.

변액보험 vs 펀드, 뭐가 다를까?

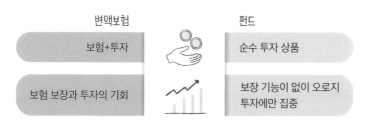

변액보험		펀드
보험+투자		순수 투자 상품
보험 보장과 투자의 기회		보장 기능이 없이 오로지 투자에만 집중

주의할 점

· 투자 위험 투자 수익은 보장되지 않는다. 시장 상황에 따라 원금 손실이 생길 수 있으니, 그런 위험을 감수할 준비가 필요.

· 투자 포트폴리오 변액보험마다 고를 수 있는 펀드 종류가 다르거나 의무적으로 특정 펀드에 50%를 투자해야 하는 등 조건이 다르므로 잘 비교해서 선택.

· 정기적인 검토 시장 상황이 변하므로 변액보험의 투자 성과도 정기적으로 확인하고 필요하면 펀드의 구성을 조정한다.

· 장기적인 재무 계획 변액보험은 장기적으로 접근하고 계획을 세워야 하며, 단기간 내에 큰 수익을 기대하기보다는 장기적으로 자산을 늘려 가는 전략이 필요하다. 이 과정에서 발생하는 비용도 고려해야 하며, 비용 부담이 수익률에 미치는 영향도 이해해야 한다. 변액보험은 비용 부담 때문에 목돈 마련에 충분한 시간이 필요하다는 것을 꼭 기억하자.

순수 투자에 집중하고 싶다면?

변액보험은 투자의 성격을 띄고 있는 보험으로, 다른 보험 상품처럼 보장에 따른 비용 부담이 있어요. 그래서 투자 수익률이 낮아질 수 있습니다. 그 밖에 투자 손실에도 불구하고 연금이나 사망보험금을 보장하기 위한 보증 비용도 있으므로, 이런 비용에 따른 수익률 하락이 발생할 수 있습니다.

만약 100만 원을 투자했을 때 변액보험의 사업비, 위험보험료를 제외한 후 90만 원만 투자가 된다면 90만 원에 대해 20% 수익이 발생해도 108만 원이므로, 내가 납입한 100만 원에 대해서는 고작 8%의 수익인 거죠.

따라서 주목적이 투자 수익 극대화라면, 다른 투자 상품을 고려하는 것이 더 바람직할 수 있습니다. 예를 들어, 직접 주식이나 채권에 투자하거나 EFT, 펀드 상품에 투자하는 것이 순수 투자 목적에 더 적합할 수 있죠. 이러한 상품은 변액보험의 보증 비용이나 사업비와 같은 비용이 없으므로 상대적으로 더 높은 이익을 얻을 수 있습니다.

제 4 장 삶의 안전벨트, 보험   133

전세 사기가 무섭다면?

전세보증금반환보증

전세보증금반환보증은 전세 세입자가 전세 계약이 끝난 후에도 보증금을 돌려받지 못할 때 주택도시보증공사(이하 HUG)에서 세입자에게 대신 전세보증금을 지급하는 상품입니다. 전세를 계약하면서 전세보증금반환보증 같은 안전장치를 준비하는 건 예기치 못한 상황에 대비하는 현명한 방법입니다. 하지만 보증금을 안전하게 돌려받으려면 몇 가지 유의할 점이 있습니다.

직장인 김 씨의 사례를 볼까요? 김 씨는 서울 마포구에 있는 단독주택에 전세로 살면서 HUG의 전세보증금반환보증에 가입했습니다. 그 후 김 씨의 배우자가 이직하는 바람에 잠시 다른 지역으로 전입신고를 했다가 다시 마포구 집으로 주소지를 이전했습니다. 하지만 당시 집주인의 사업 실패로 집에 근저당권 설정과 가압류가 되어 있었습니다. 그 결과, 김 씨는 주소지를 옮겼다가 다시 돌아온 행위로 우선변제권을 상실했고, HUG의 도움을 받지 못했습니다.

최근 HUG에서는 여러 이유로 전세보증금반환보증 신청을 거절하고 있습니다. 그중 가장 많은 건수를 차지한 건 허위 계약으로 인한 사기였으며, 그다음으로는 제도를 잘 몰라서

난생처음 금융 여행

보증 혜택을 받지 못한 '무단 전출' 사례가 많았습니다.

집주인으로부터 돌려받지 못한 전세보증금을 전세보증금 반환보증을 통해 돌려받으려면 확정일자, 전입신고, 점유라는 세 가지 조건을 유지해야 합니다. 김 씨처럼 전셋집을 점유하지 않고 다른 곳으로 주소지를 옮기는 것은 보험으로도 보호받지 못하는 위험한 행동입니다.

따라서 직장 이전이나 자녀 학교 등의 사정으로 주소지를 옮겨야 할 상황이 생겼다면, 잠깐이라도 주소지와 짐을 옮기는 것을 신중히 생각해야 합니다. 아무리 단기간이라도 이런 행동은 '깡통전세' 피해를 직접 초래할 수 있으니 주의가 필요합니다.

보험으로 대출받기

갑자기 목돈이 필요한데 마땅히 대출을 받을 수 없는 상황이라면 내가 가입한 보험 상품의 해지 환급금을 담보로 대출을 받을 수도 있습니다. 이러한 대출을 보험 계약대출이라고

보험 계약대출의 장점

보험 유지의 유연성	신속한 절차	신용 관리
경제적으로 어려운 시기에 대출을 통해 보험료 납입하면 보험 계약을 유지할 수 있습니다.	은행 대출보다 승인 절차가 빠르고 간단합니다.	해지 환급금을 담보로 하므로 대출 시 신용 등급에 영향을 주지 않습니다.

보험 계약대출 시 유의 사항

이자 부담	보장 제한
가입한 지 오래된 보험 상품은 대출 금리가 높아 부담이 있으며, 대출 이자를 제때 납입하지 않으면 보험 계약 해지 등의 불이익이 발생합니다.	대출받은 보험에서 보험금 지급 사유가 발생하면 대출 원리금 상환에 보험금이 사용되므로 암과 같은 중대한 질병이 발생하면 보험 기능에 제한이 생깁니다.

합니다. 보험 계약대출은 해지 환급금이 있는 보험 상품에 가입했다면 받을 수 있으며, 연금보험과 같은 저축성 보험에서 더 쉽게 대출을 받을 수 있습니다. 하지만 보장성 특약의 해지 환급금을 담보로는 대출이 불가능하고, 가입한 지 오래된 보험 상품은 대출 금리가 높을 수 있다는 점 등을 주의해야 합니다.

보험 계약대출은 갑작스러운 경제적 어려움을 극복하는 데 도움이 될 수 있지만, 장기적인 재정 계획의 일부로 고려해야 합니다. 대출을 받기 전에 이자율, 상환 조건 등을 포함한 모든 세부 사항을 신중히 검토하고, 가능하다면 전문가의 조언을 구하는 것이 필요합니다.

보험, 이런 게 궁금해요

Q) 이혼할 때 보험 계약은 어떻게 나누나요?

이혼하면서 보험과 관련한 다양한 상황이 생깁니다. 연금보험과 같은 저축성 보험을 오랫동안 납입했는데 이혼으로 연금을 못 받는 경우도 있고, 이혼하면서 홧김에 배우자가 자녀의 어린이보험을 해지하는 일도 있습니다. 또 돈은 계속 내가 냈는데 계약자는 배우자일 때도 있고요. 이혼할 때 현명하게 보험 계약을 분할하려면 다음 사항을 잘 협의해야 합니다.

> **보험 가치 평가** 현재 해지가 가능하면 해지 환급금을 기준으로 보험 가치를 평가합니다.
>
> **실질 보험료 납입** 계약자가 본인이지만 배우자가 보험료를 납입한 경우 그동안 납입한 보험료에 대한 기여도를 고려해 재산 분할이 이루어질 수 있습니다.
>
> **보험 용도와 목적** 보장성 보험일 때는 지급된 보험금이 재산 분할의 대상이 될 수 있으므로, 보험 계약을 유지하면서 계약자와 수익자를 조정할 필요가 있습니다.
>
> **보험 계약 이전** 보험 계약을 배우자에게 이전하고, 그 가치를 재산 분할에 반영할 수 있습니다.
>
> **보험금 수령권 분할** 해지하기 아까운 연금보험 등은 미래에 수령할 연금의 수령권을 분할하는 방법도 고려할 수 있습니다.

소송 전 보험 해지 방지 상대방이 소송 중에 보험을 해지하거나 변경하여 재산 분할에 영향을 미치는 것을 방지하기 위해 가압류 등의 법적 조치를 취할 수 있습니다.

Q) 보험 리모델링을 해야 할까요?

집은 오래되면 벽이 지저분해지고 수도 등의 배관에 문제가 생기기도 합니다. 엘리베이터도 자주 고장 나고, 수선 비용도 많이 발생하니까 리모델링 같은 대규모 주택 수리를 하거나 부수고 새로 짓죠. 보험은 반대로 오래된 상품이 무조건 좋으니까 유지하라는 이야기가 많습니다. 가입한 지 오래된 보험은 무조건 유지하는 게 가장 좋은 방법일까요?

가입한 지 오래된 보험은 보장 기간이 짧거나 보장 금액이 작은 등 여러 이유로 보험 리모델링을 권유받습니다. 하지만 이미 오랜 기간 보험료를 납입한 것을 고려하고 지금 건강 상태에 따라 새로운 보험 상품을 가입할 때 제한 사항이 생길 수 있습니다. 따라서 기존 보험은 유지한 채 부족한 부분만 보완하는 것이 바람직한 리모델링 방법입니다.

또 섣부르게 해지하지는 말아야 합니다. 암보험은 가입일로부터 90일이 지나고부터 보장을 받을 수 있고, 뇌혈관이나 심장 질환 등은 가입 후 1년 안에 보험 사고 발생 시 보장 금액의 50%만 보장이 이루어지기도 합니다. 따라서 기존 보험을 해지하는 것은 신중하게 판단해야 합니다.

게다가 보장이 조금 더 좋아진다고 해도 기존 보험보다 월등히 높은 보험료를 부담해야 하거나 이미 나이가 많아져서 보험료를 내는 기간이 짧아지는 등 보험료 부담을 늘리는 것이 어려운 경우에는 다소 부족한 점이 있어도 리모델링을 하지 않는 것이 유리할 수 있습니다.

Q) 보험과 공제는 다른가요?

○○생명보험, 손해보험, A공제, B협동조합 등 다양한 이름으로 불리는 회사들이 보험 상품을 팔고 있습니다. 상품 이름만 봐서는 모든 상품이 다 똑같은 보험 상품 같습니다. 하지만 실제 내용을 살펴보면 보험과 공제는 다른 점도 많습니다.

보험은 해외 체류 중이거나 현재 치료 중인 경우 등 특별한 상황을 제외하면 누구나 가입할 수 있습니다. 보험업법 등의 엄격한 법적인 규제를 받으며, 사망, 질병, 사고, 재산상의 피해, 배상책임 등 다양한 위험에 대한 보장을 제공합니다.

공제는 우체국, 지역농협 등 특정 직업이나 같은 지역의 조합원과 같은 사람들이 모여 서로의 위험을 나누는 방식입니다. 주로 비영리로 운영되며, 조합원의 경제적 이익을 위해 존재합니다. 공제는 지자체나 공공의 지원을 받는 공공 보장의 성격이 있는 경우도 있습니다. 배달 종사자의 교통사고에 대한 피해 보상, 전통시장 화재 사고 피해 보상을 위한 공제 상품 등 수익성이 낮아 민간 보험 회사가 상품을 개발하지 못할 때 많이 활용됩니다.

이처럼 보험과 공제는 비슷하지만 다른 금융 상품입니다. 보험료를 납입할 수 있는 여력, 보장이 필요한 수준, 직업이나 다른 상황을 충분히 고려하여 비교한 후에 가입을 결정하는 것이 좋습니다.

제5장
미지의 세계,
투자로의 여행

FROM:
무조건 빨리 시작

TO:
성공적인 노후 대비

BOARDING PASS

민이 아빠

이수성 CFP

투자에 필요한 요소에는 어떤 것이 있을까요? 대개 종잣돈, 시간, 수익률을 떠올리죠. 이 중에 가장 중요한 요소를 고르라면, 아마 제일 먼저 종잣돈이라고 할 겁니다. 돈이 많아야 투자도 성공적으로 할 수 있을 거라고요. 그러면 투자는 돈 많은 사람만 할 수 있는 걸까요?

그렇지 않습니다. 투자에서 가장 중요한 건 바로 시간입니다. 충분한 시간이 주어지면 누구나 적은 돈으로 투자를 시작할 수 있습니다. 예를 들어 40대인 민이 아빠가 지금부터 80대에 쓸 돈을 모은다면, 무려 40년 가까이 투자할 수 있습니다. 투자에 늦을 때는 없습니다. 결정을 미루면서 점점 투자할 시간이 줄어들 뿐이죠. 바로 지금부터 시작해 충분한 시간을 들이면 누구나 목돈을 만들어 낼 수 있습니다. 투자 전문가인 이 CFP와 함께 투자의 이해부터 전략까지, 차근차근 알아보겠습니다.

돈이 많아야 투자할 수 있다?

 투자도 돈이 많아야 할 수 있는 거 아닌가요. 돈도 없는데 굳이 투자했다가 까먹는 것보다는 착실하게 저축하는 게 더 효과적일 거 같은데요. 게다가 곧 50대가 될 테고, 회사도 그만둘 텐데 너무 늦지 않았을까요?

 오히려 돈이 적기 때문에 투자해야 합니다. 부족한 자원을 효과적으로 활용해서 목돈을 만들어야 하는데, 저축만으로는 한계가 있기 때문이죠. 투자에서 가장 중요한 건 돈의 크기가 아니라 시간입니다. 충분한 시간만 주어진다면 누구나 목돈을 만들 수 있습니다.

또 투자라고 하면 어렵게 생각하고 돈을 잃을까 걱정부터 합니다. 시작하기에는 너무 늦은 건 아닐까 고민하죠. 그렇다면 생각을 바꿀 필요가 있습니다.

은퇴 자금을 예로 들어 볼까요. 60세에 은퇴하더라도 모든 돈을 한꺼번에 쓰지는 않습니다. 그때부터 죽을 때까지 계속 돈을 꺼내서 써야 하죠. 50대에 투자를 시작해도 70대, 80대에 쓸 돈은 무려 20~30년간 투자할 시간이 주어지는 것입니다.

투자에 늦었을 때는 없습니다. 결정을 미루면서 투자할 시간이 점점 줄어들 뿐이죠. 돈이 적어도 시간만 주어진다면 우리는 충분한 목돈을 마련할 수 있습니다.

난 생 처 음 금 융 여 행

5년 먼저 투자 vs 5년 늦게 투자, 누가 더 많이 모을까?

스노우볼 효과라는 것이 있습니다. 커다란 눈사람을 만들 때도 시작은 작은 눈덩이 하나입니다. 눈덩이는 커지면 커질수록 더 빠르게 몸집을 불려 가죠. 투자도 마찬가지로 처음엔 돈이 늘어나지 않는 것처럼 보이지만, 시간이 지나 일정한 규모의 목돈이 만들어지면 순식간에 몸집을 불립니다. 복리를 설명할 때 가장 쉽게 이해할 수 있는 예입니다. 여기에서 중요한 건 바로 시간입니다. 긴 시간 돈을 굴렸을 때 비로소 복리의 효과를 얻을 수 있는 거죠. 그러면 시간과 복리의 상관관계에 대해 살펴보겠습니다.

월복리적금과 일반적금을 1년간 가입했을 때 이자는 얼마나 차이가 날까요? 연이율 5%, 월 100만 원씩 월복리적금과 일반적금에 가입한다면 이자 차이는 1년간 고작 5천 원 정도입니다. 복리의 효과는 시간의 길이와 비례해서, 투자하는 시간이 길어질수록 효과가 커지는 것이죠.

철이는 영이보다 매년 200만 원 많은 1,200만 원씩 투자하고, 영이는 매년 1,000만 원씩 투자하되 5년 일찍 투자를 시작했습니다. 수익률이 똑같다면 둘 중에 누가 더 많은 돈을 모을 수 있을까요? 정답은 영이입니다.

투자는 여유가 있을 때 시작하는 게 아닙니다. 여유가 있어서 하는 게 아니라 여유를 만들기 위해서 하는 것입니다.

5년 먼저 투자한 영이와 5년 늦게 투자한 철이 누가 더 돈을 많이 모았을까?

연이율 5%	철이		영이	
1	-	-	1,000	1,050
2	-	-	1,000	2,153
3	-	-	1,000	3,310
4	-	-	1,000	4,526
5	-	-	1,000	5,802
6	1,200	1,260	1,000	7,142
7	1,200	2,583	1,000	8,549
8	1,200	3,972	1,000	10,027
9	1,200	5,431	1,000	11,578
10	1,200	6,962	1,000	13,207
11	1,200	8,570	-	13,867
12	1,200	10,259	-	14,560
13	1,200	12,032	-	15,289
14	1,200	13,893	-	16,053
15	1,200	15,848	-	16,856

(단위: 천 원)

난생처음 금융 여행

시간이 많아야 투자도 가능하다

투자하면서 반드시 고려해야 하는 것은 투자 위험입니다. 그리고 투자 위험을 줄이려면 충분한 시간이 필요합니다.

1년 후 올려 줄 전세보증금을 모은다고 가정했을 때 만약 투자로 큰 손실을 입으면 무슨 일이 생길까요? 손실을 복구하기도 전에 투자금을 회수해야 하는 것은 물론, 모자란 돈을 대출까지 받아야 할 겁니다. 반대로 10% 정도 수익이 난다면 어떨까요? 그걸로 인생이 바뀔 만큼 돈을 벌 수 있을까요? 결코 그렇지 않겠죠.

하지만 투자 기간이 적당히 길다면 어떨까요? 투자 초기에는 좀 더 공격적으로 투자를 해서 기대 수익률을 높일 수 있고, 목표 시점이 다가올수록 안정적으로 투자 방식을 바꿔서 더 안전하게 돈을 관리할 수 있습니다. 투자에 가장 중요한 요소는 바로 시간입니다. 충분한 시간을 투자해야 더 안전하게 원하는 수익을 얻을 수 있고 위험도 낮출 수 있습니다.

위험 vs 기회, 투자의 이해

위험한 투자, 꼭 해야 할까?

투자 기간을 무한정 늘린다고 위험이 모두 사라지는 것은 아닙니다. 그렇다면 굳이 위험을 무릅쓰고 투자를 해야 할까요?

월급에서 생활비, 교육비, 대출 상환 후 남은 돈으로 주택 구입, 노후 준비 등 많은 일을 준비해야 하는데, 그 돈은 얼마나 필요할까요? 저축만으로 준비할 수 있을까요?

소득 수준이 높아지고 씀씀이가 늘어날수록 하고 싶은 것, 해야 할 것도 많아집니다. 단칸방에서 신혼생활을 할 때와 자녀 둘을 키우면서 방 세 개짜리 아파트에 살 때는 필요한 돈의 양도 달라집니다. 이렇게 필요로 하는 돈은 늘어나는데 제한

된 월급에서 모든 것을 해결하려면 월급만으로는 어려운 것이 현실입니다. 그래서 비록 투자 위험이 있다고 해도 우리가 살아가면서 하고 싶은 일을 하려면 투자를 해야만 합니다.

목돈이 필요한 대표적인 일은 주택 구입, 자녀 교육, 부부의 은퇴 자금 마련 등 크게 세 가지입니다. 적게는 몇억 원, 많게는 십억 원 이상 필요합니다. 연 4%의 금리로도 매월 100만 원씩 저축할 수 있다면 1억 원을 모으는데 최소한 7년 이상의 시간이 필요합니다.

저금리 상황일수록 투자의 필요성은 더 높아지는데요. 72법칙을 통해 간단히 비교해 보겠습니다. 72법칙이란 72를 수익률로 나누었을 때 내 돈이 두 배가 되는 기간을 알 수 있는 간단한 계산법입니다(72 ÷ 수익률 = 내 돈이 2배가 되는데 걸리는 시간).

연이율 6%의 예금 상품에 천만 원을 맡기면 내 돈은 12년 후 2천만 원이 됩니다. 은행예금 이율이 연 5%로 낮아지면 14.4년이 지나야 2천만 원이 되니 약 2년 정도 더 걸립니다.

저금리에서는 어떨까요? 예금 이율이 연 2%에서 연 1%로 낮아진다면 기간은 36년에서 72년으로 무려 두 배 늘어납니다. 평생을 예금으로 맡겨도 원금의 두 배가 될까 말까 하죠. 그러면 내가 집도 사고 차도 바꾸고 노후 준비도 해야 하는데 충분히 돈을 모을 수 있을까요?

은행예금 금리는 항상 높아졌다가 낮아지는 것을 반복합니다. 경기 순환에 맞춰서 금리도 오르내리고를 반복하는 것이

죠. 예금 금리가 높다고 모든 돈을 은행예금에 맡겨 놓는다면,
나중에 금리가 낮아졌을 때 대응하기 어렵겠죠?

물가 상승률

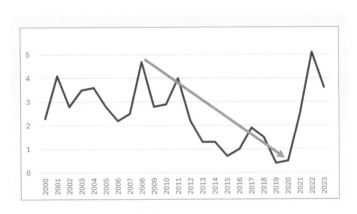

(출처: 통계청)

예금 금리

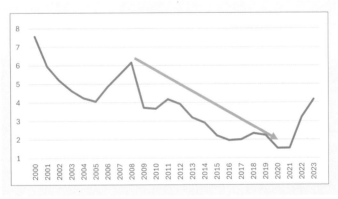

(출처: 통계청)

　　　　　　　난 생 처 음 금 융 여 행

물가가 낮아지던 시기인 2008~2020년엔 한국은행 기준금리도 낮아졌습니다. 코로나 이후 물가가 급격히 오르면서 기준금리도 급격하게 인상됐습니다. 경기가 순환하듯 금리도 순환합니다. 그렇다면 앞으로 고금리가 계속 유지될까요?

경제 활동 인구의 감소, 고령화 등 금리가 낮아질 요소는 충분합니다. 장기적으로 목돈이 필요한 일은 투자를 통해 해결해야 할 필요성은 계속 커질 겁니다.

퇴직까지 남은 기간, 늘어나는 수명에 따라 연장되는 노후

50대 직장인에게 직장 생활은 앞으로 몇 년 남았을까요? 유한한 소득 활동 기간과 비교했을 때 퇴직 후 우리는 얼마나 오래 살까요?

노후 자금의 크기는 노후 생활 기간과 비례합니다. 노후 생활비로 매월 250만 원을 쓰겠다고 계획한다면, 물가 상승률을 고려하지 않더라도 30년간 총 9억 원이 필요합니다. 그런데 준비할 기간이 10년 남았다면 10년간 9억 원을 모으기 위해서 매월 얼마를 저축해야 할까요?

은행 금리 4%를 기준으로 매년 복리투자를 한다면, 매월 600만 원씩 저축해야 합니다. 월급을 받아서 해야 할 일도 많은데 저축만으로 저런 목돈을 만들어 내는 것은 결코 쉽지 않습니다.

노후 생활이 길다는 점은 투자가 필요한 또 다른 이유입니다. 30년 동안 매년 1%씩 투자 수익을 더 낼 수 있다면 돈의 차이는 얼마나 벌어질까요?

2억 원의 퇴직금을 연간 2%의 수익으로 굴린다면 30년간 나눠서 인출한 뒤 남는 돈은 약 8,640만 원입니다. 반면 3%의 수익으로 굴리면 남는 돈은 약 1억 5,880만 원입니다. 원금 2억 원을 다 꺼내 쓰고도 1억 6천만 원 가까이 남아 있는 사람의 노후가 더 안전하고 편안할 것은 당연한 이치입니다.

소득 활동기는 짧아지고 노후는 계속 길어지고 있습니다. 남성은 90대, 여성은 100세까지 돈을 쓴다면 얼마나 필요할지 정확히 계산해 봐야 합니다. 90세까지 살지 못할 거 같다고요?

지금 성인 남성 평균 수명인 82세 정도를 기준으로 노후 준비를 했다고 가정해 보겠습니다. 정말 만에 하나라도 83세까지 살면, 혹은 90세까지 살면 어떻게 될까요? 월급이 꼬박꼬박 들어오는 시기에는 갑자기 돈이 필요하면 최악의 경우 돈을 빌리면 해결할 수 있습니다. 갚을 수 있는 시간이 있기 때문이죠. 하지만 노후 생활비가 바닥나면 해결하는 것은 쉽지 않습니다. 은행에서 대출도 막히고 자녀들에게 기대는 것이 그나마 현실적입니다.

노후 자금은 모자란 것보다 쓰고 남을 정도로 충분히 준비하는 것이 맞습니다. 반면 돈을 모을 수 있는 시간은 유한하니 투자를 통해 목표로 하는 금액을 만들어야 합니다.

30년간 2억 원 투자 시 수익률 2%와 3%의 차이

연수익률 2%		연수익률 3%
667만 원	연간 인출 금액	667만 원
8,640만 원	30년 후 남은 금액	1억 5,880만 원
0	차이	+7,240만 원

투자 위험의 다른 말, 변동성

항상 위험이 있는 투자, 최대한 안전하게 할 방법은 무엇일까요? 투자 위험은 다른 말로 변동성이라고 합니다. 투자 결과는 비슷하더라도 변동성은 다른 경우를 비교해 보겠습니다.

투자와 변동성

구분	a(변동성 20%)		b(변동성 10%)	
0	투자 원금 1,000만 원		투자 원금 1,000만 원	
1	800	-20%	1,100	+10%
2	960	+20%	990	-10%
3	1,152	+20%	1,089	+10%
4	1,382	+20%	1,198	+10%
5	1,106	-20%	1,078	-10%

위의 투자 예시 두 가지는 같다고 할 수 있을까요? 결과가 비슷하다고 과정까지 같은 건 아닙니다. 변동성이 크면 그만큼 내 돈을 까먹을 위험과 손실의 크기가 커집니다. 즉 더 위험한 투자가 되는 것입니다. 변동성은 내 돈이 위아래로 얼마나 움직이는지 표현하므로 수익과 손실 모두를 생각할 수 있습니다. 따라서 투자 위험이라는 말보다는 변동성이라는 말이 더 적절한 표현입니다.

우리가 투자할 수 있는 전통적인 투자 자산은 주식과 채권,

난생처음 금융 여행

두 가지입니다. 그리고 전통적인 투자 자산이 아닌 모든 투자 자산을 대체투자라고 합니다. 부동산과 금 외에도 원유나 귀금속, 농산물과 같은 원자재에 투자하는 건 모두 대체투자입니다.

주식과 채권, 대체투자 자산은 저마다 고유의 변동성을 가지고 있습니다. 우리는 상식적으로 주식은 위험하고 채권은 더 안전하다고 생각하죠? 이건 반만 맞고 반은 틀린 이야기입니다. 신용등급이 낮은 국가나 회사의 채권은 부도 위험이 크고, 신용등급이 높은 국가의 채권 중에서도 만기가 긴 채권은 변동성이 크기 때문입니다.

채권에 투자하는 방법 중에 가장 변동성이 낮은 것은 예금입니다. 예금자 보호 한도 내의 금액이라면 원금 손실의 위험이 없기 때문이죠. 하지만 누구도 예금을 투자라고 말하지는 않습니다. 변동성이 줄어들면 기대 수익률도 낮아지기 때문에 무조건 변동성을 낮추는 게 효과적이지는 않습니다.

그보다 더 효과적인 방법은 서로 상관관계가 낮은 투자 자산을 섞는 것입니다. 달걀을 한 바구니에 담지 말라는 말을 많이 합니다. 투자를 할 때는 상관관계가 낮은 투자 자산을 섞어서 투자하면 더 안전하고 효과적으로 투자를 할 수 있습니다.

수익률을 극대화하는 레버리지 투자

투자할 때 변동성을 더 높여서 수익률을 극대화하는 방식이 있습니다. 전세를 끼고 아파트를 사는 갭투자, 선물이나 옵션을 이용하여 투자 원금을 줄이는 방법, 주식담보대출을 받거나 공매도 방식으로 투자하는 방법 등 내가 투자하는 원금을 줄여서 수익률을 높이는 방식입니다. 이러한 투자 방식을 레버리지(Leverage) 투자라고 합니다.

만약 시가 10억 원의 아파트를 모두 내 돈으로 구입했을 때 집값이 1억 원 오르면 10% 수익입니다. 하지만 5억 원의 은행 대출을 활용하면 집값이 1억 원 오를 때 20%의 수익이 발생합니다. 대출 크기가 커질수록 변동성도 커집니다.

은행에서도 이런 점을 잘 알고 있기 때문에 아파트 가격이 어느 정도 떨어져도 대출 회수가 가능하도록 대출에 제한을 두고 있습니다. 법적으로 LTV(담보인정비율)도 제한을 두고 말이죠. 그렇지 않다면 무분별하게 대출을 끼고 집을 샀다가 2007년도 미국의 서브프라임 모기지 사태와 같은 금융 위기가 발생할 수 있습니다.

알아보기

서브프라임 모기지 사태

2007년 미국에서 발생해 2008년 글로벌 금융 위기를 불러일으
킨 원인입니다. 미국의 주택담보대출 중에서 신용등급이 낮은 대
출자를 대상으로 하는 서브프라임 모기지가 부실화되면서 시작했
습니다.

미국 주택 시장의 버블이 붕괴되면서 주택 가격이 하락하자 서브
프라임 대출의 연체도 심각해졌습니다. 이에 은행이 부동산 담보
를 처분해 손실을 보전하려 하면서 주택값은 더욱 떨어졌고, 부동
산을 기반으로 한 자산 손실이 발생하면서 여기에 투자한 금융 기
관의 부실도 심화됐습니다. 2008년 9월, 결국 국제적인 투자 은행
리먼브라더스가 파산하면서 글로벌 금융 위기로 이어졌습니다.

패키지 vs 자유여행, 투자의 방식

　우리는 여행을 갈 때 패키지여행과 자유여행 중에서 선택할 수 있습니다.

　패키지여행의 가장 큰 장점은 잘 모르는 곳에 갔을 때 가이드가 문화적, 역사적 배경을 설명해 주고, 통역도 해 주는 등 여행을 도와주는 것입니다. 반면 가이드나 운전사에게 팁도 줘야 하고, 내가 가기 싫은 곳도 가야 합니다.

　자유여행은 어떨까요? 내 마음대로 계획도 짜고 원하는 곳만 마음껏 돌아다닐 수 있는 게 장점이죠. 다만 떠나기 전에 열심히 공부하고 준비해야 합니다. 투자도 마찬가지입니다.

패키지여행의 묘미, 남 따라 투자하기

인덱스 투자

인덱스 투자는 패키지여행과 같습니다. 코스피200(Korea Stock Price Index 200) 지수에 연동하는 인덱스 상품에 투자한다면 우리나라 주식시장 전체에 분산 투자하는 것과 유사한 효과가 있습니다. 하지만 일정한 비용을 내야 하고, 사기 싫은 기업의 주식도 섞여 있어요. 인덱스 투자를 하려면 ETF와 펀드 상품을 활용할 수 있습니다. ETF는 주식처럼 직접 사고팔 수 있고, 펀드는 5만 원, 10만 원 등 금액 단위로 투자를 할 수 있습니다.

인덱스 투자의 가장 큰 장점은 소액으로 분산 투자가 가능하다는 것입니다. 직접 상위 200개 기업의 주식을 산다면 어떨까요? 삼성전자를 포함한 상위 5개 종목만 투자해도 100만 원이 넘습니다. 하지만 코스피200 지수에 투자하는 ETF는 200개의 기업 주식을 다 사면서 2~3만 원 정도만 있으면 됩니다. 그래서 목돈이 없더라도 분산 투자가 가능한 것이죠.

매월 10만 원이면 미국과 우리나라의 주식, 채권에 투자하는 펀드 서너 가지에 분산 투자가 가능하고, 자동 이체 옵션도 제공하니 편리하게 적립식으로 분산 투자를 할 수 있습니다.

다른 장점으로는 다양성이 있습니다. 미국 주식시장에 투자하거나 채권에 투자하는 등 지역과 투자 자산의 종류에 따라 상품을 다양하게 고를 수 있고, 언제든지 사고팔 수 있다는 편의성도 있습니다.

자유로운 자유여행, 스스로 골라서 투자하기

단일 종목, 테마주

단일 종목 또는 테마주 투자처럼 원하는 것만 골라서 투자를 할 수도 있습니다. 마치 자유여행을 할 때처럼 하고 싶은 것에만 투자할 수 있습니다. 하지만 자유여행은 여행을 떠나기 전에 스스로 충분한 사전 준비를 하지 않으면 어떤 일이 생길지 모릅니다.

주식에서도 마찬가지로 투자 대상 기업 분석, 경기 순환 등에 대한 이해가 뒷받침되어야 성공적인 투자를 할 수 있습니다. 대표이사의 개인적인 문제 등 다양한 변수로 기업의 주가는 움직입니다. 따라서 인덱스 투자보다 변동성이 훨씬 커진다는 것은 반드시 알고 있어야 합니다.

우리 선택은?

처음 투자를 한다면 패키지여행, 곧 인덱스 투자를 하는 것이 효과적입니다. 주식처럼 변동성이 큰 투자 자산은 시장 전체에 분산 투자를 하는 것이 변동성을 줄이는 방법이고, 가장 안정적인 수익 확보 방법입니다.

인덱스 투자가 더 적합한 이유는 또 있습니다. 회사에 다니면서 주식 투자를 한다면 업무 때문에 투자에 집중할 수 있는 시간도 부족하고, 회사 일을 하면서 뉴스를 찾거나 재무제표 등의 자료를 찾아보는 것도 한계가 있을 것입니다. 갑자기 주가가 폭락하는데 중요한 회의 중이라면 어떻게 대응할 수 있을까요?

실제로는 회사의 이름이 익숙해서, 큰 회사는 망하지 않을 거니까, 남들도 다 하니까 등등 단순한 이유로 잘못된 투자를 결정하는 경우가 너무 많습니다. 투자를 처음 시작할 땐 편리하고 안전한 패키지여행, 인덱스 투자로 시작하는 것이 더 효과적입니다.

투자의 나침반, 원칙과 전략

수익이 많으면 좋은 거 아니에요?

투자의 변동성을 잘 활용하는 방법은 무엇일까요? 워런 버 핏이라 해도 내일 주식시장이 오를지 내릴지 100% 맞출 수는 없습니다. 그리고 수많은 금융 상품 중에는 내가 제대로 이해 하지 못할 정도로 복잡한 구조의 상품도 많습니다. 2007년 서 브프라임 사태가 발생했을 때 월가의 거대한 투자 은행들도 위험을 제대로 파악하지 못해 망했는데, 복잡해진 금융 상품 에 대해 내가 모든 걸 다 알 수 있을까요?

워런 버핏이 가지고 있는 투자의 원칙은 '절대 까먹지 말 라' 입니다. 그만큼 투자 시의 변동성에 대해 강조한 것인데 요. 변동성이 높은 투자가 얼마나 위험한 결과를 가져오는지 다음의 사례를 통해 알 수 있습니다.

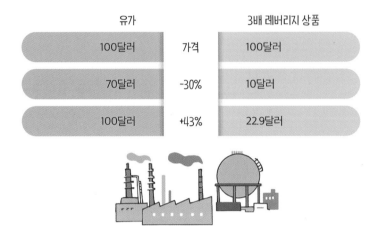

원유 3배 레버리지 상품의 실제 투자 설명

유가		3배 레버리지 상품
100달러	가격	100달러
70달러	-30%	10달러
100달러	+43%	22.9달러

유가가 100달러일 때 3배 레버리지 투자를 한다면, 유가가 70달러로 하락했을 때 원금의 90% 손실이 발생합니다. 이후 유가가 다시 올라 100달러를 회복해도 3배 레버리지 투자는 약 23달러가 되는 데 그쳐, 수익률이 -77%에 달하는 것을 알 수 있습니다.

변동성이 큰 투자를 하게 되면 예상하지 못한 손실이 발생했을 때 손실을 복구하는 것이 영영 불가능해질 수도 있습니다.

주택 구입 시 과도한 대출로 금리 상승기에 버티지 못하고 집을 파는 경우도 있고, 주식담보대출을 활용해서 투자했다가

난생처음 금융 여행

주가 하락 시 반대 매매로 돈을 날리는 경우도 많습니다. 이처럼 변동성이 높은 투자 방식은 성공하면 단기간에 고수익을 올릴 수 있지만, 큰돈을 잃는 경우가 더 많습니다.

투자의 변동성을 줄이는 방법은 분산 투자입니다. 투자 시기를 분산해서 적립식으로 투자하고, 주식과 채권 등에 골고루 투자하는 것입니다. 예금과 주식 투자를 동시에 하면 주식에서 손실이 발생하더라도 은행예금의 이자만큼 손실이 줄어드는 거죠. 특히 주식과 장기 국채는 상관관계가 낮은 투자 자산으로, 전통적인 자산 배분에 활용됩니다.

주식 100% vs 주식 50%+채권 50%

2000년부터 2022년까지 미국 주식시장에 100% 투자하는 것과 주식 50%+채권 50%로 분산 투자하는 것은 결과적으로 비슷한 성과를 얻습니다. 하지만 과정에서는 큰 차이를 보입니다. 22년간 미국 주식 100% 투자자는 투자 성과에서 주식 50%+채권 50%의 포트폴리오를 이기지 못하는 것을 확인할 수 있습니다. 벤처캐피털의 투자 원칙에서도 분산 투자의 중요성을 확인할 수 있습니다.

같은 관점에서 본다면, 한국과 미국에 분산해서 투자하는 등 주식 투자 내에서도 나눠서 투자하고, 주식과 채권, 대체투자 등으로 자산도 나눠서 투자해야 수익률과 변동성 관리에 효과적입니다.

주식 100% vs 주식 50%+채권 50% 비교 그래프

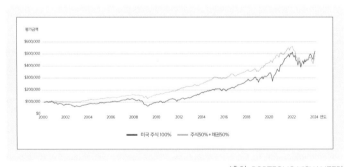

(출처: PORTFOLIO VISUALIZER)

난생처음 금융 여행

100억 원을 20개 기업에 투자 vs 100개 기업에 투자

100억 원을 20개 기업에 투자(기업당 5억 원)

	확률	기대 수익	출현 기업	실제 수익
유니콘	1%	100배	0개	0
대성공	11%	10배	2개	100억 원
투자 회수	38%	3배	8개	120억 원
청산, 폐업	50%	0	10개	0
합계	100%		20개	220억 원

100억 원을 100개 기업에 투자(기업당 1억 원)

	확률	기대 수익	출현 기업	실제 수익
유니콘	1%	100배	1개	100억 원
대성공	11%	10배	11개	110억 원
투자 회수	38%	3배	38개	114억 원
청산, 폐업	50%	0	50개	0
합계	100%		100개	324억 원

적게 잃고 꾸준히 키우기

심리적 안정과 장기 투자

사람들은 공포와 탐욕으로 잘못된 선택을 합니다. 주가가 크게 오르면 탐욕 때문에 주식을 더 사고, 주가가 폭락하면 공포에 휩싸여 엄청나게 싼 가격에도 주식을 팝니다.

투자를 할 때 이런 심리가 영향을 줍니다. 크게 손해 보는 경우 원금을 회복할 때쯤 투자를 중단하는 경우가 많습니다. 그동안의 고통 때문에 더는 투자를 이어 가지 못하는 것이죠.

그래서 장기 투자를 할 때는 손실을 최소화할 수 있도록 변동성 관리를 해야 합니다. 손실을 감당할 수 있는 수준으로 제한한다면 심리적으로 안정적인 상태를 유지할 수 있고, 이를 통해 장기 투자를 유지할 수 있습니다.

장기 투자를 하려면 자산 배분이 필수입니다. 약 1,000조 원이라는 엄청난 규모의 기금을 운용하는 국민연금에서 답을 찾아볼 수 있습니다. 국민연금의 2023년 기금 운용 수익률은 약 10%입니다. 그리고 1988년부터 2022년까지 누적으로는 연평균 5%의 수익률을 기록했습니다.

국민연금의 기금 운용 원칙은 자산 배분입니다. 아무리 투자의 전문가라 할지라도 미래를 예측하는 것은 불가능하기 때문에 최대한 자산 배분을 잘해서 수익성과 안정성, 기금의 지속 가능성을 달성하려는 것이죠.

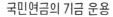

국민연금의 기금 운용

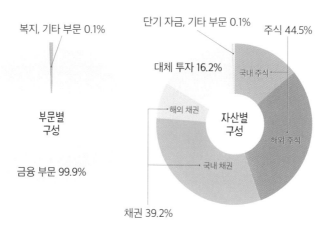

개인의 투자 관리도 같습니다. 특히 우리나라 가계 자산 대부분이 부동산에 집중된 상황에서 금융 자산에 대한 분산 투자는 매우 중요합니다. 적절한 금융 자산의 비중은 전체 자산의 30% 이상입니다. 충분한 금융 자산을 확보해야 부동산도 안정적으로 관리가 가능한 것이죠.

금융 자산 내에서도 주식과 채권 중에 어느 한쪽으로 쏠림이 없도록 조절하는 것이 필요합니다. 가장 쉬운 방법은 주식과 채권에 각각 50%씩 투자하는 것이지만, 신용등급이 낮거나 만기가 긴 국채 등 변동성이 큰 자산도 있으므로 전문가의 도움을 통해 자산 배분을 하는 것이 중요하겠습니다.

또 투자 기간에 따라서도 자산 배분은 달라져야 합니다. 남은 투자 기간이 짧을수록 수익성보다는 안정성에 초점을 맞춰서 은행예금이나 단기 채권에 대한 투자 비중을 높여 나가는 것이죠.

이렇듯 자산 배분은 투자 성향, 투자 기간, 자산 규모, 소득 등에 따라 적절하게 관리할 수 있어야 하므로 전문가의 조언을 통해 만들어 나가는 것이 가장 효과적입니다.

가장 실패할 확률이 낮은 투자

자산 배분의 주기적 점검

좀 더 성공적인 투자를 하려면 주기적인 점검이 필요합니다. 투자 자산의 리밸런싱이라고 말하는데, 주기적으로 최초의 자산 배분 비율로 돌아가는 것이죠.

자산 배분을 주식과 채권에 각각 50%씩 하는 경우를 보겠습니다. 1천만 원으로 주식과 채권에 각각 500만 원씩 투자합니다. 1년 후 주식은 20% 수익이 나고 채권은 그대로라면, 주식은 600만 원, 채권은 500만 원이 됩니다. 그러면 주식에서 50만 원을 빼 채권을 사면 다시 주식과 채권은 각각 550만 원씩 1:1이 되는 것이죠.

대부분 수익이 나는 곳에 더 많이 투자해야 할 것 같은데 반대로 투자했죠? 자산 배분의 핵심은 누구도 앞으로 투자 자산이 오를지 내릴지 알 수 없다는 것입니다. 그래서 그냥 일정한 주기를 정하고 자산의 리밸런싱을 하는 겁니다.

모든 사람이 투자에 탁월한 능력을 발휘할 수는 없습니다. 투자 성향, 소득, 자산 규모, 경험과 지식 등 개인 차이가 있고, 고속 성장의 시대, 저성장의 시대, 경기 침체기와 경기 활황기 등 환경의 차이도 생길 수 있습니다.

직장 생활을 하는 근로소득자가 투자에 충분한 시간과 노력을 투입해서 자산가가 될 수 있는 확률은 그렇게 높지 않을 것입니다. 그래서 최소한의 비용으로 적절한 결과를 만들 수 있는 자산 배분 전략이 필요합니다.

가장 실패할 확률이 낮고 큰 손실을 경험하지 않을 확률이 높기 때문에 누구나 장기 투자를 할 수 있고, 누구나 어느 정도 규모의 자산을 형성할 수 있습니다. 투자 목표가 누구나 부러워할 만큼 자산을 쌓는 것이라면 부족할 수도 있겠죠. 하지만 노후가 위험하지 않고 인생의 목표가 망가지지 않도록 해주는 정도라면 자산 배분을 잘 활용해도 충분히 목표한 바를 이룰 수 있습니다.

성공적인 투자 여행의 비결

투자는 재무 목표 설정이 필수

성공적인 투자 여행의 핵심은 재무 목표입니다. 여행 계획을 잘 세우려면 어디로 가고 싶은지 목적지를 정해야 합니다. 그래야 여행 기간과 경비, 준비할 물품, 교통편 등을 결정할 수 있습니다. 무작정 비행기만 탄다고 행복한 여행을 할 수 있는 것은 아니죠.

투자와 자산 관리도 재무 목표가 없으면 쉽게 흔들리고 중간에 실패할 확률이 높아집니다. 내가 돈을 모으고자 하는 명확한 목표 설정이 없다면 얼마가 언제까지 필요한지 알 수 없습니다. 차를 사거나 대출을 갚는 등의 단순한 일만 있다면 목표와 계획이 불분명해도 쉽게 헤쳐 나갈 수 있습니다.

하지만 수십 년간 노후 생활을 위해 준비하는 과정, 많지 않은 월급을 아껴서 목돈을 만들고 평생의 보금자리가 될 집을 구매하는 과정 등은 뚜렷한 목표 설정, 계획을 바로 시작하는 실행력, 주기적인 점검을 통한 수정과 보완이 꼭 필요합니다.

투자 계획 세우기

시간이 지나면 돈의 가치는 달라집니다. 물가 상승에 따라 필요한 돈의 양이 늘어나는 것이죠.

물가 상승률이 연 2%이고 은퇴까지 36년이 남았다면, 지금 생각하는 은퇴 후 월 생활비 300만 원은 600만 원으로 늘어납니다. 통계청 자료에 따르면, 2000년에 은퇴한 부부가 매월 300만 원의 생활비를 쓴다고 계획했을 때, 2022년에는 매월 511만 원의 생활비가 필요합니다. 물가 상승만큼 필요한 생활비도 늘어나는 거죠.*

20년 후에 필요한 노후 자금은 한 번에 쓸 돈이 아닙니다. 짧아도 20년 이상, 길게는 40년 이상을 쪼개서 매월 써야 하는 돈입니다. 물가 상승률을 고려하고 그 기간의 투자 수익을 감안했을 때 지금부터 얼마나 모아야 할지 막막한 것이 당연합니다.

그래서 재무설계 전문가와 함께 물가 상승률을 감안한 노

---

* 화폐 가치의 변화는 통계청 홈페이지(https://kostat.go.kr/cpi/)에서 계산해 볼 수 있습니다.

난 생 처 음 금 융 여 행

후 자금을 계산해 보는 것이 무척 중요합니다. 실제로 물가 상 승률을 고려해서 노후 자금이 얼마나 필요한지, 부동산 가격 상승률을 고려해서 집을 살 때 필요한 자금이 얼마인지 계산 하는 것은 재무 목표 달성에 큰 영향을 줍니다. 또 예상했던 물가 상승률이 실제와 다르다면 주기적으로 계획을 점검해서 수정하는 것도 무척 중요합니다.

양궁선수가 10m 밖의 과녁에 활을 쏘는 것과 비행기가 1,000km를 날아가는 것은 차원이 다른 문제입니다. 비행기 가 출발하면서 1cm만 목표 지점에서 방향을 잘못 잡아도 목 적지에 도착하지 못할 것입니다. 그렇기에 비행을 하면서 계 속 항로를 수정하고 바람에 따라 고도와 방향을 바꿔 가며 날 아가야 합니다.

투자 여행 체크리스트

투자를 시작하기 전 점검할 것

- ☐ 내가 투자할 수 있는 금액은 얼마일까?
- ☐ 우선순위에 따른 재무 목표 설정
- ☐ 투자 성향 파악하기
- ☐ 비상 자금 확보
- ☐ 정기 점검

내가 투자할 수 있는 금액은 얼마일까?

투자를 시작하기에 앞서 투자할 수 있는 가용 자금이 얼마인지 확인해야 합니다. 가용 자금보다 너무 적은 돈을 투자한다면 남는 돈은 모두 써버리게 됩니다. 반대로 너무 많은 돈을 투자한다면 금세 돈이 부족해져서 투자를 중단하게 되겠죠.

갑작스럽게 목돈이 필요한 경우를 대비해서 남겨 놓는 비상금을 제외하고, 가용 자금에 맞춰 투자가 이루어질 수 있도록 계산해 보는 것이 중요합니다.

우선순위에 따른 재무 목표 설정

그다음으로는 재무 목표의 우선순위를 정해야 합니다. 반드시 해야 하는 일을 기간에 따라서 나눌 수 있습니다. 앞으로 2~3년 안에 반드시 해야 할 일과 10년 이내, 10년 이후 등으로 기간을 나눠 꼭 할 일을 재무 목표로 정하는 것입니다.

그리고 꼭 해야 할 일은 아니지만 하고 싶은 일들도 똑같이 재무 목표로 정해 봅니다. 매년 가족여행을 해외로 간다던가,

기간에 따른 목표 설정하기

	해야 할 일	하고 싶은 일
3년 이내 (단기)	자녀 등록금 마련	매년 해외여행
10년 이내 (중장기)	부채 전액 상환	자녀 결혼 자금 지원
10년 이후 (장기)	노후 자금 마련	은퇴 후 카페 차리기

아이들 결혼할 때 보탤 목돈, 퇴사 후에 소일거리라도 할 겸 아내와 카페 차리기 등 여유가 된다면 해 보고 싶은 일들이죠.

각자 해야 할 일과 하고 싶은 일을 생각해 본 후 다음의 순서대로 목표를 추려 나갑니다.

- 금전적인 준비가 부족할 때 가장 먼저 포기할 수 있는 일?
- 어떤 일이 있어도 꼭 이루고 싶은 목표 두 가지만 고른다면?

재무 계획을 세울 때도 꼭 이루고 싶은 두 가지 재무 목표의 달성률을 최대한 높이는 방향으로 계획을 세우는 것이 나에게 가장 효과적인 방법이 됩니다.

사람들은 계획을 세울 때 무의식적으로 가장 먼저 닥칠 일부터 해결하려는 경향이 있습니다. 그런데 먼저 닥치는 문제부터 해결해 나가면 정작 가장 중요하게 생각하는 재무 목표는 준비하지 못하게 됩니다. 그래서 노후 준비는 항상 뒷전으로 밀려나고, 닥쳐서 걱정하는 것이죠. 그만큼 먼 미래이고 당장 살아가면서 해결할 일이 많다 보니 차근차근 준비하지 못하는 겁니다.

하지만 이렇게 잘 분류해 보면 노후 자금 준비야말로 인생에서 꼭 해야 하는 가장 중요한 재무 목표입니다. 준비해야 할 금액도 크고 준비하는 기간과 노후에 살아갈 기간도 긴 목표이므로, 최대한 빨리 계획을 세우고 다소 부족하더라도 조금

씩 준비해 나가는 것이 가장 효과적인 준비 방법입니다.

투자 성향 파악하기

투자 성향은 보통 3단계로 구분할 수 있습니다. 수익보다 원금 보존을 중요시하는 안정적인 성향, 수익과 원금 보존을 골고루 생각하는 중립적 성향, 원금을 다소 손해 보더라도 수익을 중시하는 적극적 성향이 그것입니다.이를 파악하기 위한 설문도 많이 있죠. 금융 회사는 투자 상품 가입 전에 필수적으로 개인의 투자 성향을 확인합니다. 기준이 되는 것은 투자 손

MBTI별 투자 성향

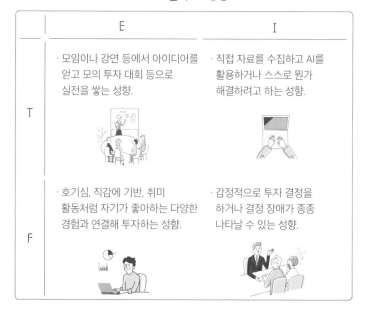

	E	I
T	· 모임이나 강연 등에서 아이디어를 얻고 모의 투자 대회 등으로 실전을 쌓는 성향.	· 직접 자료를 수집하고 AI를 활용하거나 스스로 뭔가 해결하려고 하는 성향.
F	· 호기심, 직감에 기반, 취미 활동처럼 자기가 좋아하는 다양한 경험과 연결해 투자하는 성향.	· 감정적으로 투자 결정을 하거나 결정 장애가 종종 나타날 수 있는 성향.

실에 관한 생각, 기대하는 투자 수익률의 높고 낮음, 전체 자산에서 투자 자산이 차지하는 비중, 소득에서 투자 금액이 차지하는 비중 등입니다. 그 외에도 MBTI 유형별 차이도 투자 성향이나 투자 시의 행동에 영향을 주기도 합니다. 하지만 그보다 중요한 건 투자를 하는 근본적인 이유인 재무 목표입니다.

투자 성향이 적극적인 사람도 한 달 후에 필요한 돈으로는 위험한 투자를 피합니다. 반대로 30년 후에 필요한 목돈을 만드는 데는 안정적인 투자 성향의 사람도 소액으로 투자를 시작할 수 있습니다. 그래서 투자 성향은 개인의 편차도 있지만, 재무 목표에 따른 구분이 먼저 이루어져야 합니다

하지만 개인의 투자 성향을 파악하는 것도 중요한 이유는 투자하면서 가질 수 있는 심리적 안정감 때문입니다. 장기 투자를 하려면 심리적으로 안정된 상태를 유지해야 합니다. 무리한 투자를 하면 나에게 맞지 않은 옷을 입은 것처럼 불편하고 약간의 손실이 발생해도 투자를 중단할 수 있습니다.

그래서 안정적인 투자 성향의 투자자라면 비록 투자 가능한 여유 자금이 충분하지 않더라도, 준비 기간을 충분히 갖고 기대 수익률을 낮추고 변동성을 줄이는 방향으로 계획을 세우는 것이 좋습니다. 반면 투자 성향이 적극적인 투자자라면 낮은 기대 수익률로도 목표를 달성할 수 있다는 계산이 나왔을 때 목표를 상향하는 방향으로 계획을 수정하는 것도 고려해 볼 만합니다.

비상 자금 확보

투자를 하다 보면 예상하지 못한 상황에 직면할 수 있습니다. 그럴 때 비상 자금이 필요합니다. 주가가 단기간에 급락하거나 목돈이 갑자기 필요한 일이 생겼을 때 비상 자금이 없다면 투자 결과도 달라질 수 있습니다. 비상 자금이 준비되어 있다면 주가가 단기간에 급락했을 때 저가 매수의 기회로 삼아 투자를 늘릴 수 있고 목돈이 필요한 일이 생겼을 때도 투자금을 회수하지 않고 비상 자금으로 해결할 수 있습니다.

비상 자금은 현금 흐름을 파악한 후 매월 발생하는 지출의 3개월 치 이상을 현금으로 준비해 두는 것이 좋습니다. 자산 배분을 할 때도 현금성 자산의 비중을 20%는 확보하는 것이 좋습니다.

우리가 짓고자 하는 집이 높고 화려한 성이라면 넓고 단단한 땅을 먼저 준비해야 합니다. 성을 지을 땅이 모래로 되어 있다면 절대로 높이 쌓을 수 없습니다. 투자할 때도 마찬가지입니다. 장기 투자를 통해 자산을 키우고자 한다면 어떤 경우에도 투자 계획이 불안하지 않도록 충분한 비상 자금을 현금으로 준비해야 합니다. 모든 돈을 주식과 부동산에 쏟아부으면 아주 작은 충격에도 투자 계획은 무너질 수 있습니다.

정기 점검

철저한 계획과 자산 배분을 바탕으로 투자 계획을 실행한다면 투자의 완성은 주기적인 점검입니다. 점검이 필요한 이유는 개인 상황과 투자 시장 환경 등 모든 것이 시간이 지나면서 바뀌기 때문입니다.

급여의 변동, 출산, 상속과 증여 같은 자산 변동에 맞춰 계획 수정이 필요할 것입니다. 시간이 지나면서 기대하는 목표의 수준이 달라지기도 합니다. 주택을 구입하고자 하는 지역이 바뀔 수도 있고, 은퇴 후 필요로 하는 생활비가 늘어날 수도 있습니다.

개인의 투자 성향에 맞춰 점검이 필요한 경우도 생깁니다. 자산 배분을 주식과 채권에 각각 50%씩 투자하는 계획이었는데, 꾸준히 주가가 상승해 주식이 70%가 되고 채권이 30%로 축소된다면 내가 원했던 계획보다 훨씬 공격적인 투자로 바뀌게 됩니다. 주식을 20% 처분해서 채권에 담아야 다시 주식과 채권의 비중이 50%씩 맞춰지겠죠. 자연스럽게 이익이 난 자산을 처분해서 보다 안전한 자산으로 옮기고 나중에 주가가 하락한다면 저가 매수를 통해 기대 수익률을 끌어올릴 수 있습니다.

투자 시장의 환경 변화에 따라서도 계획은 수정해야 합니다. 금리가 높고 낮음에 따라, 세법의 변경에 따라, 상품의 변화나 새로운 자산 등장 등에 따라서도 계획은 항상 변할 수 있습니다.

재무 목표에 대한 계획을 세우고 실행을 하고 점검을 하는

난생처음 금융 여행

모든 과정이 다 중요하지만, 특히 그중에서도 주기적인 점검이 성공적인 투자에 가장 중요하다는 점을 꼭 명심하시길 바랍니다.

투자, 이런 게 궁금해요

Q) 세뱃돈 받아서 아이 명의로 주식을 샀는데 10배가 됐습니다. 증여세를 내야 하나요?

타인에게 돈을 무상으로 받은 사람은 증여세를 내야 합니다. 하지만 사회 통념상 인정되는 범위의 세뱃돈이나 대학교 입학 축하금은 〈상속세 및 증여세법 시행령 제35조〉에 의해 증여세 과세 대상이 아닙니다.

아이가 사회 통념상 인정되는 범위 내에서 받은 세뱃돈으로 산 주식(아이 명의로 매수)이 10배 올라서 아이의 재산 가치가 늘어났다면 어떨까요? 해당 주식의 가치가 자연스럽게 오른 것이라면 증여세 과세 대상이 아닙니다. 하지만 재산 증식 과정에 부모나 조부모의 노력이 중요한 역할을 했다면 〈상속세 및 증여세법 제 2조 6항〉에 의해 증여로 볼 수 있습니다.

가상의 사례를 살펴볼까요? 이 모 양(15세)의 모친인 김 모 씨는 단타 매매를 통해 이 양 주식계좌의 돈을 매년 2배씩 늘렸습니다. 1천만 원이던 이 양의 주식계좌 평가액은 5년 후 32배가 되어 3억 2천만 원이 되었고, 20세가 된 이 양은 이 돈으로 작은 아파트를 샀습니다. 자금 출처 조사에서 이 양이 15년간 모은 용돈과 세뱃돈, 생일 축하금 등이라고 밝혔으나, 1천만 원이 3억 2천만 원이 된 과정에서 김 씨의 노력이 지대한 영향을 미쳤다고 판단했기 때문에 세무서는 증여세를 부과했습니다.

Q) 부모가 자식 이름으로 한 투자를 자식이 받아서 직접 관리하고 투자할 경우 법적인 문제가 있나요?

'부모가 자식 이름으로 한 투자'가 차명 계좌(내 재산을 남의 명의로 관리)에 해당하면 법적으로 문제가 됩니다. 완전한 통제권을 넘겨주는 시점까지는 진짜 증여가 발생한 것으로 보지 않는다는 뜻입니다. 차명 계좌가 아니라 원래 자식의 돈인데 부모가 투자를 도와준 차원이라면, 그로 인해 이익이 얼마나 생겼는지에 따라 세법에서는 다르게 봅니다. 즉 해당 자산(자녀 계좌의 자산)이 부모의 노력으로 많이 증가했다면, 그 증가분은 증여로 보아 증여세가 과세될 수 있습니다. 이에 대한 판단은 실질 과세 원칙에 따라 사안별로 판단하게 됩니다. 일반적인 수준의 관리라면 크게 문제가 될 것은 없습니다.

다만 세금이나 법적 문제와 별개로 자녀의 돈 관리 능력을 키우기 위해서는 가능한 한 일찍부터 자기 자산을 스스로 관리할 수 있도록 부모가 안내해 주는 것이 좋을 것 같습니다.

Q) 해외 주식을 사고팔 때 세금을 내야 하나요?

국내 상장 주식은 대주주가 아니라면 매매 차익에 소득세를 부과하지 않습니다. 반면 해외 주식은 연간 매매 차익이 250만 원을 넘으면 22%의 소득세와 주민세를 납부해야 합니다. 매매 차익은 종목별로 합산하고, 매매 수수료까지 차감한 후 순이익을 의미합니다. 매도하지 않은 평가 이익은 과세하지 않습니다.

Q) 국내 상장 해외 ETF의 수익이 2천만 원인데, 세금을 얼마나 내야 할까요?

해외 주식을 담고 있는 국내 상장 ETF는 국내 주식과 달리 매매 차익에 대해 15.4%의 배당소득세를 과세합니다. 펀드의 분배금을 배당 소득으로 보기 때문입니다. 이 경우 다른 이자, 배당 소득과 합산해서 한 해 2천만 원이 넘으면 금융소득종합과세로 더 높은 세율을 적용받을 수 있습니다. 예를 들어 수익이 2천만 원이고 다른 이자나 배당 소득이 없다면, 소득세와 지방세로 2천만 원의 15.4%를 세금으로 원천징수합니다(정확히는 ETF 매수 시점부터 매도 시점까지 과표 기준 가격의 상승분과 실제로 발생한 매매 차익 중 적은 금액에 대해 15.4%로 원천징수합니다).

Q) 금투세가 무엇인가요?

금투세는 금융투자소득세의 줄임말입니다. 기존 소득세 과세 체계와 다른, 별도의 소득세 체계가 생기는 것인데요. 그러면 금융소득 세금에 다양한 변화가 생기는데, 예를 들면 이렇습니다.

기존에 비과세였던 소액 주주의 상장 주식 매매 차익이 과세로 전환됩니다. 손실과 이익을 합쳐 1년에 5천만 원까지는 계속 비과세이며, 한 해 매매 차익이 마이너스(순손실)이면 다음 해 이익에서 차감할 수도 있습니다. 또 기존 비과세였던 채권의 매매 차익이 연간 250만 원 이상이라면 과세가 됩니다.

티나 코치
(김예희 회계사)

제6장
세 번째 삶의 시작,
실업과 은퇴의 갈림길

FROM: ○ - - - - → ✈ - - - - → TO:

은퇴 준비   연금을 받는 삶

BOARDING PASS

민이 아빠

CFP K (이충구 CFP)

삶의 다음 단계로 나아가는 것은 종종 실업과 은퇴 사이에서의 선택이 됩니다. 이 선택은 때로는 일찍 찾아오고, 때로는 늦게 찾아오기도 합니다. 은퇴는 곧 직장 생활의 끝을 의미합니다. 그러나 지금은 60세 전후의 정년을 물리적인 한계로만 이해하기보다는, 더 오래 건강하고 활동적인 삶을 살 수 있는 100세 시대의 시대정신을 갖추어야 합니다. 따라서 직장을 단순히 경제적인 보장을 위한 장소가 아니라, 자기 자신을 발전시키고 새로운 경험과 학습을 위한 플랫폼으로 여겨야 합니다. 내가 좋아하고 잘할 수 있는 일을 찾고, 그 일을 하면서 즐거움을 느낄 수 있는 시간이 이제는 중요합니다.

이번에는 은퇴 설계 전문가인 CFP K를 만나 은퇴 준비의 중요성을 깨닫고, 미래 계획을 세우는 여정을 보낼까 합니다.

은퇴의 의미와 준비

 시간이 갈수록 지출은 늘어나는데, 은퇴 준비는 어떻게 해야 할지 모르겠어요. 70대가 돼서 아내와 브런치라도 즐기는 노후를 보내려면 월 400만 원은 필요할 거 같은데, 뭐부터 시작해야 할지 막막하네요.

 은퇴는 재무적인 준비뿐만 아니라, 비재무적인 요소도 중요합니다. 은퇴 후의 삶을 풍요롭게 할 경제적 준비, 건강 관리, 시간 사용, 대인 관계 등 모든 요소를 고려해야 합니다. 은퇴 이후의 행복은 오늘의 삶에서 시작되므로, 지금부터 차근차근 준비하는 것이 중요합니다.

은퇴에 앞서 준비해야 할 것들

우리나라 직장인은 은퇴를 두고 다양한 생각을 합니다. 기대하는 사람도 있고, 두려움을 느끼는 사람도 있습니다. 최근 연구에 따르면, 50대 중산층은 은퇴를 재정 불안, 건강 쇠퇴, 외로움 등 부정적으로 바라보는 경향이 있다고 합니다. 하지만 은퇴는 단지 일터에서 물러나는 것일 뿐, 인생에서 완전히 물러나는 것이 아닙니다. 은퇴 전에 철저히 준비한다면 행복한 은퇴 생활이 가능합니다.

행복한 노후를 위해 은퇴 전 고려해야 할 사항이 몇 가지 있습니다. 은퇴 준비에서 가장 먼저 해야 할 일은 다음과 같습니다.

은퇴 이후의 삶

	퇴직 후 소득 공백기		
	57세	60세	63세	75
노후 생활비 반영률	0%	100%	100%
	은퇴 준비기		노후 활동기 (국민연금 수령)

주거 환경 결정

은퇴 후 어디에서 살 것인지와 어떤 형태의 주택에서 살 것인지를 결정하는 것이 중요합니다. 주거지를 선택할 때, 병원 접근성은 필수적입니다. 나이가 들면서 빈번하게 병원을 방문하게 되고, 응급 상황에 빠르게 대처할 수 있어야 합니다. 또 문화생활이 가능한 지역을 고려해 취미와 여가를 즐길 수 있는 환경을 선택하는 것이 좋습니다. 마지막으로 교통이 편리한 곳을 선택하면 가족과 쉽게 만날 수 있어 정신 건강에도 도움이 됩니다.

노후 생활비 준비

은퇴 후 충분한 생활비를 확보하는 것이 중요합니다. 최근 조사에 따르면, 한국 중고령층은 개인 기준으로 월 177만 3천 원, 부부 기준으로는 277만 원이 필요하다고 합니다. 은퇴 후

회상기   여명기

85세   90세

80%   70%   60%

간병기

20년 동안은 약 6억 4천만 원, 30년이라면 9억 6천만 원이 필요할 것이라고 합니다. 은퇴 전 생활비의 약 70%가 적정하다고 권장하지만, 실제 상담에서는 생활비를 크게 줄이지 못하는 경우가 많습니다. 따라서 은퇴 이전에 생활비에 관한 구체적인 계획을 세우는 것이 중요합니다.

자녀 지원 계획

자녀에 대한 경제적 지원을 어디까지 할지 고민해야 합니다. 저성장 초고령화 사회에서는 과거와 같은 가족 지원 체계가 어려워집니다. 본인의 은퇴 준비가 자녀에게 부담이 되지 않도록 철저히 계획해야 합니다.

의료비 준비

나이가 들면서 의료비 지출이 증가합니다. 실손보험이나 건강보험으로 일반적인 질병을 대비할 수 있지만, 간병이나 치매 같은 중증 상태에 대비한 충분한 준비가 필요합니다. 이러한 비용은 경제적, 심리적으로 큰 부담을 초래할 수 있습니다.

노후 소득—지출 시스템 구축

은퇴 이후 소득과 지출 관리 시스템을 구축하는 것이 필수입니다. 공적연금, 퇴직연금, 연금계좌 등으로부터의 수입과 지출을 관리해 은퇴 기간에 합리적인 소비 생활을 유지할 수 있도록 해야 합니다. 정확한 소득과 지출 규모를 파악하는 것이 중요하며, 이를 통해 은퇴 기간에 필요한 자금을 정확히 계산할 수 있습니다.

효율적인 지출 관리

지출 관리를 위해 소비 패턴을 파악하고, 필요한 지출을 체크카드 등을 사용해 관리합니다. 비상예비자금 계좌를 통해 예상치 못한 지출에 대비할 수 있으며, 이는 은퇴 생활 중에도 경제적인 안정성을 유지할 수 있도록 도와줄 것입니다.

따라서 효율적인 지출 관리를 위해서는 지출하는 통장을 구분해야 합니다. 일명 '통장 쪼개기'를 하는 것입니다. 은퇴 시기에는 다음과 같은 세 개의 통장이 있어야 합니다.

- 주거래 은행 통장 발생하는 모든 소득을 모으는 통장
- 소비 통장 매월 주기적으로 발생하는 지출들을 예산 아래에 집행하는 통장
- 비상예비자금 통장 연간 비정기적으로 발생하는 지출을 관장하는 통장

이렇게 통장을 분리해 관리함으로써 매월 발생한 소득으로 연간 총소득을 파악할 수 있고, 매월 지출하는 현금 흐름의 총량을 파악하면 연간 지출 총합도 파악할 수 있습니다. 따라서

연간 지출되는 총량을 파악하는 것은 매우 중요합니다. 지금까지 축적된 자산과 연금소득으로 생이 다하는 날까지 소비활동이 가능한지 또는 얼마나 지출해도 되는지를 파악할 수 있습니다.

효율적인 지출 관리

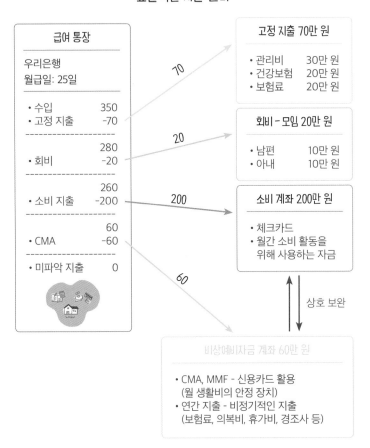

다양한 연금

합리적인 은퇴 설계를 위해 은퇴 자산의 종류와 장단점을 파악하는 것이 중요합니다. 기본적인 은퇴 자산으로는 국민연금, 공무원연금, 사학연금, 군인연금, 별정우체국연금 등의 공적 연금과 퇴직연금, 연금저축계좌와 같은 사적 연금이 있습니다. 이제 각 은퇴 자산을 자세히 살펴보겠습니다.

걱정은 금물, 국민연금

65세 이상 누구나 받을 수 있는 중요한 노후 자금

    국민연금은 1988년에 도입돼 적립 규모가 997조 원에 달하는, 세계 3대 기금 중 하나로 성장했습니다. 많은 사람이 국민연금 제도를 오해하거나 무관심한 경우가 많지만, 실제로는 은퇴를 맞이한 50대에게 매우 유리한 연금으로, 중요한 노후 자금입니다.

    국민연금은 노령연금, 장애연금, 유족연금으로 구분됩니다. 여기에서 노령연금은 노후 소득을 보장하기 위한 주요 수단이며, 장애연금은 장애로 인한 소득 감소를 보상하고, 유족연금은 가입자 사망 후 유족의 생계를 지원합니다.

국민연금이 고갈돼 받지 못하면 어쩌죠?

    최근 보고서에 따르면, 2039년에는 적립금이 1,430조 9천억 원에 달할 것으로 예상하지만, 이후 점차 감소해 2054년에는 고갈될 위험이 있습니다. 그러나 국민연금은 정부가 관리하고 전문가들이 지속적인 연구 및 개선을 통해 재정 안정을 도모하고 있습니다. 소득이 낮은 국민에게는 더 많은 혜택을 주는 사회 보장 제도이며, 물가 상승률에 따라 연금액도 조정되어 장기적인 생활 자금을 보장합니다.

전업주부도 가입할 수 있나요?

국민연금은 직장에 다니는 국민이라면 월급에서 세금처럼 공제되며, 직장이 없는 사람, 이를테면 전업주부도 임의 가입을 통해 국민연금에 가입할 수 있습니다. 가입한 뒤 일정 기간이 지나면 추가로 납부해 10년을 채울 수 있고요. 배우자가 사망하면 유족연금을 받거나 추후 자신의 연금에 유족연금의 일부를 더해 받는 것 중 선택할 수 있습니다.

국민연금을 회사 정년인 60세에 받을 수 있나요?

국민연금은 만 60세가 되면 납입 종료되며, 연금 수령 개시 연령은 출생 연도에 따라 달라집니다. 개시 연령보다 최대 5년 일찍 혹은 늦게 수령을 시작할 수 있습니다. 일찍 수령할 경우 조금 적게, 늦게 수령할 경우 더 많이 받을 수 있습니다.

출생 연도별 국민연금 개시 연령

출생 연도	1952년생 이전	1953~1956년생	1957~1960년생	1961~1964년생	1965~1968년생	1969년생 이후
지급 개시 연령	60세	61세	62세	63세	64세	65세

(출처: 국민연금공단)

조기에 연금을 수령하면 매년 연금액이 6%씩 감소합니다. 예를 들어, 국민연금의 정상 수령 연령이 65세이고 연금액이 월 100만 원으로 설정되어 있다면 어떨까요? 64세에 연금을 시작하면 월 94만 원, 63세에 시작하면 월 88만 원을 받게 됩니다. 반면 연기하여 받을 경우, 연금 수령을 1년 늦출 때마다 연금액이 7.2% 증가합니다. 즉 65세 대신 66세에 수령을 시작하면 월 1,072,000원을 받게 되며, 5년을 연기하면 월 136만 원을 받습니다. 불행히도 많은 사람이 충분한 노후 자금을 준비하지 못해 조기 수령을 선택하지만, 가능한 한 자신의 예정된 연금 개시 연령에 맞추어 수령하는 것이 재정적으로 유리합니다.

현재 국민연금은 부분 적립 방식을 사용하고 있습니다. 이는 국민이 젊을 때 소득 일부를 연금으로 납부하고, 노년기에 이를 수령하는 방식입니다. 하지만 국민연금의 적립금이 고갈되면 부과 방식으로 전환될 수 있습니다. 이는 현재 세대의 납부금을 직접 노년 세대에 지급하는 방식으로, 스웨덴과 독일 같은 국가에서 이미 사용하고 있습니다. 인구 감소와 고령화 추세를 감안할 때, 우리나라도 언젠가는 이 방식을 채택할 가능성이 큽니다. 어떤 방식이든 국민연금을 전혀 받지 못할 상황은 발생하지 않을 것입니다.

난생처음 금융 여행

근로자의 노후 대비, 퇴직연금

안전한 관리와 안정적인 수입

원래 퇴직연금은 퇴직 시 근속 연수에 따라 한 번에 목돈을 지급하는 방식이었습니다. 하지만 회사의 재정 상황에 따라 퇴직금을 제대로 지급받지 못하는 경우가 있었고, 받은 금액도 노후를 충분히 보장하기 어려웠습니다. 이에 정부는 2005년부터 퇴직연금 제도를 도입했고, 점차 확대돼 2022년 7월부터는 모든 사업체가 퇴직연금 제도에 의무적으로 가입해야 합니다.

퇴직연금 제도는 근로자의 퇴직금을 안전하게 관리하고, 퇴직 후 안정적인 수입을 보장하기 위해 마련되었습니다. 기업이 근로자의 퇴직금을 외부 금융 기관에 적립하게 하여, 기업 부도 시에도 근로자가 퇴직금을 받지 못하는 일을 방지합니다. 퇴직금은 55세 이후 연금으로 받을 수 있도록 유도합니다.

퇴직연금에는 확정급여형(DB)과 확정기여형(DC)이 있으며, 개인이 추가할 수 있는 개인형 퇴직연금(IRP)도 있습니다. 퇴직연금 중 어떤 걸 선택해야 할지는 앞으로 더 자세히 알아보고, 일단 각 형태의 개념부터 알아볼까요?

퇴직급여 제도

퇴직급여 제도

→ 퇴직금 제도

→ 퇴직연금 제도 → 확정급여형(DB형)
→ 확정기여형(DC형)
→ 개인형(IRP)

확정급여형(DB)

DB 형태의 퇴직연금은 회사가 관리하는 계좌로 매년 근로자의 1개월 평균 임금 이상을 적립합니다. 이 자금은 금융 수익을 창출할 수 있으며, 그 수익은 회사에 귀속됩니다. 근로자가 퇴직할 때는 전통적인 퇴직금 계산 방식에 따라 금액이 정산되어 지급됩니다. 이 방식은 퇴직금 액수가 미리 확정되어 있으므로, 근로자가 퇴직 시 예상 금액을 알 수 있는 장점이 있습니다.

확정기여형(DC)

DC 형태는 근로자가 자기 퇴직금 계좌를 직접 관리하며, 투자 결과에 따른 위험과 수익도 개인이 짊어집니다. 회사는 매년 퇴직금에 해당하는 금액을 근로자의 계좌에 적립해 줍니다. 근로자는 이 계좌에 추가로 납입해서 세액공제 혜택을 받을 수 있으며, IRP와 합산해 연간 최대 900만 원까지 공제

받을 수 있습니다.

개인형 퇴직연금(IRP)

IRP는 근로자가 퇴직 시 받은 퇴직금을 자기 계좌에 적립해 직접 운용할 수 있는 형태입니다. 이 계좌에는 연말정산을 받기 위해 추가로 납입할 수 있습니다. 연간 최대 1,800만 원까지 추가 납입이 가능하고, 연금계좌와 합산해 최대 900만 원까지 세액공제를 받을 수 있습니다.

IRP 계좌는 1개 회사에서 1개의 계좌만 만들 수 있습니다. 이 한 계좌에서 동시에 퇴직금을 운용하고 세제 혜택을 받을 수 있습니다.

퇴직금을 받는 용도의 IRP 외에 세액공제를 받기 위한 용도의 IRP를 별도로 만들어 운용할 수도 있습니다. 퇴직금을 재원으로 받는 연금과 추가로 납입한 자금을 재원으로 받는 연금은 서로 다른 세금 체계가 적용됩니다.

내 집을 담보로 생활비 받기, 주택연금

노후 생활 자금을 확보하는 새로운 방법

주택으로 연금을 받을 수 있는 제도가 주택연금입니다. 주택 소유자나 그 배우자가 55세 이상일 때 고려할 수 있는 국가 보증 금융 상품입니다. 소유한 주택에 근저당권을 설정하거나 한국주택금융공사와의 신탁 계약을 통해 금융 기관으로부터 평생 또는 일정 기간 매월 연금 형태로 노후 생활 자금을 지급받습니다. 주택연금은 부동산 비중이 높은 한국 실정에서 보유 자산이 부족한 경우에도 주택 한 채만으로 노후 생활을 보장받을 수 있는 장점이 있어 많은 관심을 받고 있으며, 노후 자금 부족 문제를 해결하는 대안으로 주목받고 있습니다.

주택연금

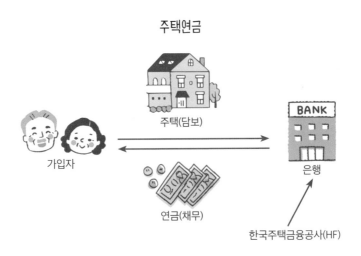

난생처음 금융 여행

우리나라에서는 주택이 주거 목적보다는 투자 수단으로 더 강조됐습니다. 이러한 인식 때문에 많은 사람이 주택연금을 부정적으로 생각합니다. 특히 은퇴 후 생활비가 부족해 주택연금을 고려할 때 자녀들이 물려받을 생각으로 만류하는 경우가 많습니다.

그러나 우리는 초고령 사회에 접어들고 있습니다. 부모가 은퇴하거나 은퇴를 준비하다가 사망하면, 자녀들 또한 이미 60대나 70대가 되어 있을 수 있습니다. 이때 자녀들이 이미 주택을 보유하고 있다면, 부모가 남긴 주택이 크게 도움이 되지 않을 수 있습니다. 오히려 남겨진 부동산으로 자녀 간에 분쟁이 발생할 가능성도 있습니다. 따라서 부모의 주택이 자녀에게 짐이 될 수도 있다는 현실을 인식하고, 주택연금을 긍정적으로 생각할 필요가 있습니다.

주택연금은 주택을 담보로 은퇴 후 생활비를 받을 수 있는 제도입니다. 부모가 주택연금에 가입하면, 주택의 가치를 매달 일정 금액으로 나누어 지급받을 수 있어 안정적인 노후 생활을 할 수 있습니다. 즉 부모는 자산을 유동화해 안정적인 소득을 얻고 경제적 독립을 유지할 수 있으며, 자녀에게도 경제적 부담을 덜어 주는 효과가 있습니다. 초고령 사회로 진입하는 현재, 주택연금은 노후 준비의 한 방법으로 긍정적으로 검토해 볼 가치가 있습니다.

주택연금 가입 조건

가입자 나이	부부 중 한 명 이상이 55세 이상.
대상 주택	주택법에 따른 주택, 노인 복지 주택, 주거 목적 오피스텔.
주택 보유 수	1가구당 1주택으로 주택 가격이 공시 가격으로 12억 이하. 공시 가격이 12억을 초과하는 다주택자는 3년 이내에 처분할 조건으로 가입 가능.
거주 요건	주택연금 대상 주택에 가입자나 배우자가 실제로 거주해야 함.
연금 지급액	가입자의 나이와 주택 가격에 따라 결정. 가입자의 나이가 많을수록 연금 지급액이 커지며, 나이가 어리면 지급액이 줄어듦. 주택 가격은 한국주택금융공사가 인정하는 시세를 기준으로 하며, 아파트는 한국부동산원과 KB국민은행의 시세를 차례로 적용. 단독주택이나 오피스텔은 전문 감정 기관의 감정 평가 금액을 기준으로 함. 정확한 수령액은 한국주택금융공사 예상연금 조회 서비스를 이용해서 조회 가능.

어떻게 신청할까?

주택연금을 신청하려면 먼저 주택 가격 심사를 거쳐야 합니다. 이를 통해 주택을 담보로 설정하고 보증서를 발급받습니다. 그런 다음 금융 기관으로부터 대출이 실행되고, 주택연금을 수령할 수 있습니다. 최근에는 주로 한국주택금융공사와의 신탁 계약을 통해 주택연금을 신청하고 제공받는 경우가 많습니다.

주택연금의 두 가지 방식, 저당권 방식과 신탁 방식

저당권 방식은 주택 소유자가 소유권을 보유하고, 공사는

난 생 처 음 금 융 여 행

해당 주택에 저당권을 설정하는 방식입니다. 주택 소유자가 사망할 경우 배우자에게 승계하려면 자녀 등 공동 상속인 전원의 동의를 받아야 합니다. 주택 소유권을 100% 확보한 후에 주택연금을 승계할 수 있습니다.

신탁 방식은 주택 소유자가 주택을 공사에 신탁하고, 우선수익권을 담보로 취득하는 방식입니다. 신탁 계약에 따라 주택 소유자가 사망할 경우 공동 상속인의 동의 없이 배우자에게 연금이 자동으로 승계됩니다. 신탁 방식의 장점은 주택연금을 받는 동안 등기상 소유자가 공사로 변경되지만, 언제든 연금 대출을 상환하고 소유권을 회복할 수 있다는 것입니다. 또 주택의 관리와 세금은 가입자가 부담하게 됩니다.

저당권 방식과 신탁 방식

구분	저당권 방식	신탁 방식
주택 소유자	가입자	주택금융공사
배우자 연금 승계	• 가입자 사망 시 주택 승계 절차 필요 • 연금 계속 수령 시 자녀 동의 필수	• 가입자 사망 시 배우자 연금 계속 수령 • 자녀 동의 필요 없음
임대차 가능 여부	보증금 있는 임대 불가능	보증금 있는 임대 가능
부부 모두 사망 시	주택 처분 금액에서 연금 대출 상환 후 남은 금액은 상속인 소유	주택 처분 금액에서 연금 대출 상환 후 남은 금액은 귀속 권리자 소유(가입자가 자녀를 귀속 권리자 지정 가능)

(출처: 주택금융공사)

주택연금의 장단점

주택연금은 주택을 담보로 설정하기 때문에 낮은 이자율로 대출을 받을 수 있다는 것이 장점입니다. 매월 일정한 금액의 연금을 받을 수 있어 퇴직 후 생활비를 안정적으로 마련할 수 있습니다. 하지만 주택을 담보로 설정하기 때문에 주택을 잃을 수 있는 위험이 존재합니다. 만약 주택을 상속할 계획이 있다면 주택연금은 상속권을 제한할 수 있으므로, 가족 상황이나 재무 상태를 고려해 신중하게 결정해야 합니다.

주택연금 장단점

장점

- 평생 또는 일정 기간 주거하면서 연금을 받을 수 있음.
- 국가에서 보증하기 때문에 중간에 연금이 끊길 걱정이 없음.
- 주택의 가치보다 적은 연금을 받는 경우, 그 차액은 자녀들에게 상속.
- 재산세 감면 등의 세금 혜택 제공.

단점

- 월 지급액 변동이 불가능하므로 주택 가격이 상승해도 받는 연금액은 증가하지 않음.
- 중도 해지 시 손해가 발생할 수 있음. 초기 보증료는 돌려받을 수 없으며, 중도 해지 시 받은 연금액에 복리이자를 함께 반환해야 함. 또 중도 해지 후 3년간 재가입이 불가능.
- 삶의 융통성 제한. 주택을 이사할 경우 담보 주택 변경을 신청해야 하며, 담보 가치 변동에 따라 초기 보증료를 추가 납부하거나 보증 잔액 일부를 상환해야 함.
- 가입비와 연 보증료가 높음. 초기 보증료는 주택 가격의 1~1.5%에 해당하며, 연 보증료는 보증 잔액의 0.75%를 매월 납부. 이에 따라 주택연금 가입 시 적절한 주택 가격과 평생 거주할 수 있는 주택을 선택하는 것이 중요.

티나 코치의 실전 팁

1. 기존 주택이 있는 상태에서 주택을 상속받을 때 상속세 외에 발생하는 세금

1) 종합부동세 - 6월 1일 자로 소유한 주택의 공시 가격을 합산해서 일정 금액이 넘으면 재산세와 별도로 부과되는 세금입니다. 따라서 주택을 상속받으면 안 내던 종부세를 내게 될 수도 있고, 기존 종부세가 늘어날 수도 있습니다. 다만 상속 주택은 상속 개시일로부터 5년간은 종합부동산세 1세대 1주택자와 중과세율을 판정할 때 주택 수에 포함되지 않습니다. 5년이 지났다면, 상속 주택 지분 비율이 40% 이하이거나 상속 주택 지분율에 상당하는 공시 가격이 6억 원 이하인 경우에만 주택 수에 포함되지 않습니다. 즉 상속 주택은 상속 개시일로부터 최소 5년간은 다주택자로의 불이익에서 보호해 줍니다.

*종합부동산세법 시행령 제4조의2(1세대 1주택자의 범위) 참고

2) 양도소득세 - 기존 주택을 처분하는 경우, 기존 주택이 1세대 1주택 비과세 조건을 맞추었다면 기간 제한 없이 해당 주택의 양도세는 비과세됩니다. 상속 주택을 처분하는 경우에는 특별한 비과세 혜택이 없지만, 상속세 신고 금액(시가)이 과세표준이 되기 때문에 상속 후 바로 파는 경우 양도소득세는 발생하지 않습니다. 상속 개시일로부터 5년 이내에 양도 시 양도 차액에 대하여 양도소득세는 부과되지만, 다주택자 중과 등 불이익은 받지 않습니다.

2. 주택연금 신청 시 세제 혜택

매년 조금씩 변경되니 자세한 안내는 주택연금 홈페이지를 통해서 확인하셔야 합니다.

1) 연금 가입 시(저당권 설정 시) 등록 면허세 감면과 지방교육세 감면, 농어촌 특별세 면제, 국민주택채권 매입 의무 면제

2) 보유 시 1가구 1주택자라면 재산세 감면(2024년 기준 5억 원 이하 분에 대하여 재산세 25% 감면)

3) 소득세 신고 시 대출 이자 비용에 대해 소득공제(연간 200만 원 한도)

* 소득세법 제51조의4(주택담보노후연금 이자 비용 공제) 참고

귀농인의 대안, 농지연금

　농지연금은 만 60세 이상의 고령 농업인이 소유한 농지를 담보로 노후 생활 안정 자금을 매월 연금으로 받는 제도입니다. 이 사업은 〈한국농어촌공사 및 농지관리기금법〉의 법적 근거로 시행됩니다.

　농지연금을 받으려면 농업 소득 외에 별도의 소득이 없는 만 60세 이상의 고령 농업인이 소유하고 있는 농지를 담보로 제공해야 합니다. 그리고 사망할 때까지 소유 토지 평가액에

가입 조건

가입자 나이

신청 연도 말일을 기준으로 농지 소유자 본인이 만 60세 이상

경력 조건

영농 경력이 5년 이상으로, 농지대장, 농협 조합원 가입증명서 등을 통해 확인. 영농 경력이 계속적이어야 할 필요는 없지만, 전체 영농 기간 중 합산하여 5년 이상이어야 함.

보유 농지

지목이 전, 답, 과수원으로서 실제 소유하고 있으며, 영농에 이용되고 있는 농지. 대상자가 2년 이상 보유하고, 주소지와 담보 농지까지의 직선거리가 30km 이내 지역이어야 가능하며, 저당권, 제한물권, 압류, 가압류, 가처분 등의 목적물이 아닌 농지여야 함.

따라 1인당 최대 300만 원까지 매월 연금 방식으로 받을 수 있습니다.

농지연금은 주택연금과 마찬가지로 자신의 농지에서 경작하면서 연금을 받는 것이므로, 자녀가 귀농해서 경작하지 않을 것이라면 농지연금을 활용하는 것도 좋은 방법입니다.

지급 방식

농지연금은 종신형과 기간형으로 나누어집니다. 종신형은 사망 시까지, 기간형은 설정한 기간까지 연금을 수령하는 것입니다.

농지연금의 다양한 지급 방식

종신형	가입자(배우자) 사망 시까지 매월 일정한 금액을 지급하는 유형
전후 후박형	가입 초기 10년 동안은 정액형보다 더 많이 받으며, 11년째부터는 더 적게 받는 유형
수시 인출형	총 지급 가능액의 30% 이내에서 필요 금액을 수시로 인출할 수 있는 유형
기간 정액형 5년/10년/15년/20년	가입자가 선택한 기간 동안 매월 일정한 금액을 지급받는 유형
경영 이양형	지급 기간 종료 시 공사에 소유권 이전을 전제로 더 많은 연금을 지급받는 유형

농지연금의 장단점

농지연금을 받던 농업인이 사망하고 배우자가 승계하면, 배우자도 사망 시까지 계속해서 농지연금을 받을 수 있습니다. 농지연금을 받으면서 담보 농지를 직접 경작하거나 임대해 연금 이외에 추가 소득도 얻을 수 있고요. 농지연금은 정부 재원으로 안전하고, 절세할 수도 있습니다. 6억 원 이하의 농지는 재산세가 전액 감면되며, 6억 원 초과 농지는 6억 원까지 감면됩니다. 연금 채무 상환 시 담보 농지 처분으로 상환하고 남은 금액이 있으면 상속인에게 돌려주며, 부족하더라도 더는 청구하지 않습니다.

농지연금은 장점이 많지만, 조건을 준비하기 어려운 점도 있습니다. 농업인이 아닌 자가 농지를 취득하는 것은 불가능하므로 농지 취득을 위한 적격 요건을 갖추려면 노력이 필요합니다. 경매나 공매로 농지를 취득할 경우, 농지 소유 기간이 2년이 넘어야 신청할 수 있습니다. 즉 부동산 취득부터 연금 활용까지 2년의 기간이 필요하므로, 귀농을 통해 농지연금을 생각한다면 철저하게 준비해야 합니다. 60세 이상만 신청 가능하므로 농지연금에 활용할 목적으로 만 50세에 농지를 취득했다면 10년은 기다려야 합니다.

한편 농지연금 신청 시에 해당 농지의 가격 산정은 두 가지 중 하나를 선택할 수 있어요. 하나는 개별 공시 지가의 100% 가격이며, 다른 하나는 감정평가 가격의 90%입니다. 감정평가

를 받는 데는 본인이 감정평가 수수료를 부담해야 하므로, 가
격이 개별 공시 가격보다 10% 이상 높지 않으면 손해입니다.

은퇴를 위한 준비,
퇴직연금 알아보기

어떤 걸 선택할까?

DB vs DC vs IRP

DB vs DC

근로자가 DB와 DC 중에서 선택하는 것은 개인 성향과 재
정 상황에 따라 달라집니다. DB는 급여가 꾸준히 오르고 승진
기회가 많은 대기업에서 유리할 수 있습니다. 반면 DC는 직
장 이동이 잦거나 자산을 적극적으로 관리하고자 하는 근로
자에게 적합할 수 있고요.

임금피크제를 적용받는 근로자라면 임금이 정점을 찍은 후
감소하기 시작할 때 DC로 전환하는 것이 퇴직금을 최대화할
수 있는 전략입니다. 임금피크제 도입 시, 임금이 감소하면 퇴

직금도 줄어듭니다. 이 때문에 임금피크제가 적용되기 전에 DC로 전환하는 것이 유리할 수 있습니다. DB에서는 퇴직 시 평균 임금으로 퇴직금이 계산되므로, 임금이 감소하면 퇴직금도 그만큼 줄어들게 됩니다.

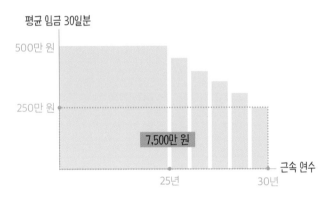

DB제도 유지하면서 정년퇴직 시 퇴직금

평균 임금 30일분

500만 원

250만 원

7,500만 원

근속 연수

25년   30년

퇴직 시 평균 임금 X 근속 연수 = 7,500만 원
250만 원   30년

DC로 전환하면, 퇴직금을 연간 정산함으로써 임금피크제로 인한 급여 감소가 퇴직금 총액에 미치는 영향을 최소화할 수 있습니다. 55세에 임금피크제가 적용되어 DC제도로 전환하고, 근속 연수가 25년, 연간 평균 임금이 500만 원일 때 총 퇴직금은 다음과 같이 계산할 수 있습니다.

임금피크 적용 전까지의 퇴직금 25년 × 500만 원 = 1억 2,500만 원

임금피크 적용 후 추가 적립된 퇴직금 연간 임금 총액의 $\frac{1}{12}$을 기준으로 계산한 금액

임금피크제 이후 DC제도 전환해 정년퇴직 시 퇴직금

연간 임금 총액 X $\frac{1}{12}$

500만 원

250만 원

450만 원

400만 원

350만 원

300만 원

250만 원

1억 4,250만 원

근속 연수

25년   30년

총합 연간 임금 총액 X $\frac{1}{12}$ = 1억 4,250만 원

　따라서 임금피크제 적용 기간에 발생한 퇴직금을 포함해 총 1억 4,250만 원을 수령할 수 있습니다. 즉 DB형을 계속 유지할 경우 정년퇴직 시 퇴직금은 7,500만 원이지만, DC형으로 전환하면 1억 4,250만 원을 받게 되어 6,750만 원의 차이가 발생합니다. 이렇게 임금이 낮아지는 경우 DC형으로 전환해 더 많은 퇴직금을 확보할 수 있습니다.

　이런 계산 방식은 퇴직금 적립을 정확히 예측하고, 임금

감소가 미치는 영향을 효과적으로 관리할 수 있도록 도와줍니다.

연금저축계좌 vs IRP

연금저축계좌와 IRP는 비슷한 혜택을 제공하지만 약간의 차이가 있습니다.

연금저축계좌는 개인이 자발적으로 가입하는 사적 연금계좌입니다. 일정 기간, 매월 일정 금액을 납입하면 해당 금액에 대해 세제 혜택을 받을 수 있으며, 퇴직 시 일시금 또는 연금으로 수령할 수 있는 제도입니다. 이에 대해 세액공제를 받은 후, 일시금으로 수령하면 16.5%의 기타소득세를 납부해야 하며, 연금으로 수령하면 저율(5.5~3.3%)의 연금소득세로 과세됩니다. 연금저축과 IRP를 합쳐 연간 900만 원 한도로 세액공제를 받을 수 있습니다.

IRP는 개인형 퇴직연금으로, 연금저축과 유사한 형태입니다. 따라서 아주 약간의 차이는 있지만, 거의 같은 상품이라고 할 수 있습니다.

연금저축은 위험 자산(주식형 펀드나 주식형 ETF)에 100% 투자할 수 있지만, IRP는 안전 자산(채권형 펀드나 예금)에 최소 30% 이상을 반드시 투자해야 합니다.

연금저축은 부분 환매가 가능합니다. 노후 자금용으로 준비하지만, 급하게 자금을 사용해야 할 때 부분 환매를 통해 자

난 생 처 음 금 융 여 행

금을 확보할 수 있습니다. 반면 IRP는 부분 환매가 불가능해서 유동성 문제가 발생하면 계좌 전체를 해지해야 합니다. 따라서 연금계좌를 준비할 때는 연금저축과 IRP 계좌를 함께 갖고 있어야 합니다.

이 둘은 세액공제 한도도 다릅니다. 연금저축계좌는 연간 1,800만 원까지 납입할 수 있지만, 세액공제는 600만 원 한도입니다. 거기에 IRP 계좌가 있으면 900만 원까지 세액공제가 가능합니다. 따라서 900만 원까지 세액공제를 하려면 연금저축계좌에 600만 원, IRP에 연 300만 원까지 납입하는 것이 좋습니다.

정리하자면 은퇴 자산을 마련하고 세액공제와 유동성의 효과를 얻으려면 연금저축계좌에 연 600만 원을 납입해 운용하고, 부분 인출이 가능한 것을 이용해 유동성이 필요할 때를 대비해야 합니다. 부분 인출이 불가능한 IRP 계좌는 은퇴 이후 연금으로 수령할 목적으로 가입하는 것이 좋습니다

퇴직금은 꼭 IRP로 받아야 하나요?

퇴직금은 법정 퇴직금과 법정 외 퇴직금으로 구분됩니다. 법정 퇴직금은 우리가 일반적으로 알고 있는 퇴직금이며, 법정 외 퇴직금은 명예 퇴직금이나 희망 퇴직금같이 회사에서 추가로 지급하는 금액을 의미합니다.

법정 퇴직금은 총액이 300만 원 이상이거나 수령자가 만

55세 미만일 경우 IRP 계좌를 통해 수령해야 합니다. 하지만 퇴직금이 300만 원 미만이거나 수령자가 만 55세 이상일 경우에는 일반 은행계좌로도 수령할 수 있습니다.

법정 외 퇴직금은 연령에 상관없이 IRP, 연금저축계좌, 일반 은행계좌 중에서 선택하여 수령할 수 있습니다.

이렇게 퇴직금 종류에 따라 수령 방법이 다르므로, 퇴직자는 자신의 상황에 맞게 퇴직금을 수령하고, 자기 재정 상황에 맞게 퇴직금을 관리하면 됩니다.

퇴직금을 받는 방법

법정 퇴직금		법정 외 퇴직금
IRP로만 수령 가능	만 55세 미만	연령 상관없이 IRP, 연금저축계좌, 일반 은행계좌 중 선택 가능
IRP, 연금저축계좌(DB, DC), 일반 은행계좌 중 선택 가능	만 55세 이상	

어떻게 받을까?

연금 수령과 인출 계획 세우기

퇴사 후에 퇴직금을 받으려면 먼저 IRP 계좌를 개설해야 합니다. IRP나 연금계좌를 통해 퇴직금을 받는 경우 일시금 또는 연금으로 수령할 수 있습니다.

연금으로 수령하려면 55세가 되기까지 기다렸다가 수령하면 되고요. 일시금으로 받고자 한다면 IRP 계좌를 해지해 퇴직금을 수령하는데, 이때 퇴직소득세를 100% 부담해야 합니다. 55세 이후에 퇴직금을 받는다면 IRP, 연금저축계좌, 일반 계좌 중에 선택해서 수령할 수 있고, 만약 일반 계좌를 통해 일시금으로 받으면 역시 퇴직소득세를 100% 내고 받습니다.

IRP 계좌 개설하기

은행, 증권사, 보험사 등 다양한 금융 기관에서 IRP 계좌를 개설할 수 있습니다. 금융 기관마다 수수료와 투자 가능한 상품이 다르므로 본인에게 맞는 곳을 선택하는 것이 중요합니다. 대부분 모바일 앱을 통해 계좌를 개설할 수 있으며, IRP 계좌는 소득이 있는 사람만 개설할 수 있으므로 소득 증빙자료(재직증명서 등)가 필요합니다.

연금 수령 계획

연금을 수령하기 시작한 이후부터 계좌 내에서 인출할 수 있는 최대 금액을 정합니다. 연금 수령 기간과 금액을 근로자가 선택할 수 있지만, 세제 혜택을 최대화하려면 이 한도를 잘 관리해야 합니다. 연금 수령 연차는 근로자가 55세를 맞는 해부터, 혹은 퇴직이 55세 이상일 경우 퇴직금이 입금된 해부터 자동으로 계산됩니다. 입금 후 1년이 지나면 '1년 치'로 간주해 연금 수령이 시작됩니다. 이는 연금 수령 계획을 세울 때 중요한 요소로 작용하므로, 퇴직연금을 관리할 때 반드시 고려해야 합니다.

연금 개시

퇴직연금은 퇴직 후 바로 개시하는 것이 좋습니다. 퇴직연금은 연금으로 수령하면 연금 개시일로부터 10년간은 30%, 11년부터는 40%의 퇴직소득세 감면 혜택이 있습니다. 이때 1년간 연금으로 인출할 수 있는 한도가 있는데, 이를 연금 수령 한도라고 합니다. 따라서 55세 이후 퇴직한다면 퇴직연금은 바로 신청하면 되고, 재취업으로 인출이 필요 없는 경우라도 퇴직연금을 적은 금액으로라도 개시하는 것이 좋습니다. 퇴직연금 개시는 각 금융사를 방문하거나 콜센터, 스마트폰 앱을 통해서도 가능합니다.

인출 방법

퇴직연금을 인출하는 데는 확정연금 방식과 좌수분할 방식이 있습니다. 확정연금 방식은 확정된 금액(예를 들어 월 100만 원 또는 200만 원)으로 수령하는 것으로, 퇴직금이 소진될 때까지 지급받는 방식입니다. 좌수분할 방식은 확정된 기간까지(예를 들면 15년 또는 20년) 매월 변경되는 좌수로 연금을 지급받는 방식으로, 투자 수익률이 높을 때는 수령액이 높아지고, 투자 수익률이 낮을 때는 작아지는 방법입니다.

주로 확정연금 방식을 많이 사용하며, 퇴직연금 수령액은 언제나 변경 가능하므로 수령 시기에 맞게 조정하면 됩니다.

일부 인출과 목돈 인출

퇴직 후에 부채 청산이 필요하면 퇴직연금에서 일부를 인출해 부채를 해결하고, 나머지 금액은 연금으로 수령할 수 있습니다. 또 연금 수령 중 갑자기 큰 금액이 필요할 때는 일정 부분을 목돈으로 인출하는 것이 가능합니다. 퇴직연금을 일시금으로 받을 때도 세금 감면 혜택을 받기 위한 연금 수령 한도와 연차가 적용됩니다. 실제로 받은 퇴직금 중 일부를 부채 청산이나 다른 큰 지출을 위해 사용해야 할 때, 세제 혜택을 받으면서 인출할 수 있는 금액이 있습니다.

퇴직연금 수령 연차는 ① 만 55세 이상, ② 가입 기간 5년 이상(퇴직금 입금 시는 가입 기간 고려하지 않음) 연금 수령 요건을 충족한 해를 1년 차로, 매년 1년씩 자동 가산합니다. 그런데 2013년 3월 1일 전에 ① 연금계좌(연금저축, DC, IRP)에 가입(첫 입금일 기준)한 경우, ② DC에 가입한 사람이 퇴직해 연금계좌로 퇴직급여를 이전하는 경우, ③ DB에 가입한 사람이 퇴직해 연금계좌로 이전하는 경우에는 6년 차로 시작합니다.

$$\text{연간 연금 수령 한도} = \frac{\text{연금계좌 평가액*}}{(11 - \text{연금 수령 연차**})} \times 120\%$$

예를 들어, 60세에 정년퇴직해 2억 원의 퇴직금을 받고, 3년 후에 연금을 개시하고자 하는 경우를 가정해 볼까요? 이때 일시금으로 인출한다면, 인출 가능한 금액은 다음과 같이 계산할 수 있습니다.

$$\frac{200,000,000 \times 120\%}{11 - 3} = \frac{240,000,000}{8} = 30,000,000\text{원}$$

여기서 30,000,000원까지는 퇴직소득세 30% 감면 혜택을 받을 수 있습니다. 만약 이 금액을 초과하여 인출하고 싶다면, 초과하는 금액에 대해서는 퇴직소득세를 전액 납부한 후 인출할 수 있습니다. 이러한 계산은 퇴직 후 경제적 계획을 세

---

* 연금 개시 당시의 평가액, 연금 개시 이후에는 매년 1월 1일의 평가액
** 연금 수령 요건을 충족한 해를 1년 차(혹은 6년 차)로 매년 1년 차씩 자동 가산

난 생 처 음 금 융 여 행

우는 데 중요하며, 세제 혜택을 최대한 활용하여 효과적으로
자금을 관리할 수 있도록 도와줍니다.

연금으로 수령하면 세금을 덜 낸다?

퇴직금을 연금으로 수령할 때 세제 혜택이 적용됩니다. 특히 퇴직연금을 연금 수령으로 선택하면, 연금 수령이 시작된 후 처음 10년 동안은 30%의 세금 감면 혜택을 받을 수 있고, 10년이 지난 후부터는 40%의 감면 혜택이 적용됩니다. 따라서 퇴직 후 절세를 고려한다면, 가능한 한 일찍 연금 수령을 시작하는 것이 유리합니다. 만약 55세 이후에 퇴직했다면, 매년 최소 1만 원이라도 연금 수령을 하시는 게 좋습니다. 그래야 11년 차부터 더 많은 절세 혜택을 볼 수 있기 때문입니다.

퇴직금 세제 감면 혜택

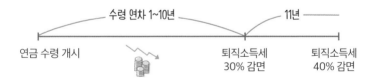

수령 연차 1~10년 ——— 11년 ———

연금 수령 개시 / 퇴직소득세 30% 감면 / 퇴직소득세 40% 감면

종합소득세냐, 분리과세냐

연간 1,500만 원 이상을 연금계좌에서 인출할 때는 종합소득세와 분리과세 중 선택할 수 있습니다. 분리과세를 선택할 경우 16.5%의 세율이 적용되며, 종합소득세를 선택할 경우 세부담이 늘어날 수 있으므로 유의해야 합니다. 이러한 세금 계

획은 퇴직자의 재정 관리에 큰 영향을 미칠 수 있습니다.

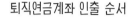

퇴직연금계좌 인출 순서

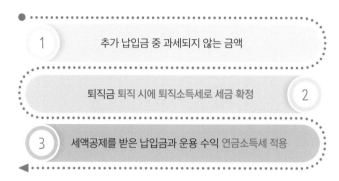

1	추가 납입금 중 과세되지 않는 금액
퇴직금 퇴직 시에 퇴직소득세로 세금 확정	2
3	세액공제를 받은 납입금과 운용 수익 연금소득세 적용

연간 추가 납입 한도가 1,800만 원일 때, 이 중 900만 원까지는 세액공제를 받을 수 있고, 세액공제를 받지 않은 나머지 금액은 비과세 혜택을 받습니다. 이는 연금으로 수령하든, 일시금으로 수령하든 마찬가지입니다.

연금으로 수령하는 경우 퇴직소득세에서 최대 40%까지 세금 감면 혜택을 받을 수 있습니다. 감면 혜택은 10년간 수령 시 30%, 10년 초과 수령 시 40%가 적용되며, 이는 연간 1,500만 원 한도에 영향을 미치지 않습니다.

세액공제를 받은 금액과 이후 발생한 운용 수익에 대해 연간 1,500만 원 이하로 수령할 경우 분리과세(3.3~5.5%)가 적용되며, 1,500만 원을 초과해 수령할 때 16.5%의 분리과세 또는 종합과세 중 유리한 방향으로 선택하면 됩니다.

퇴직소득세액 정산특례 이용하기

재직 중 퇴직금을 중간 정산(부동산 취득이나 요양 등 부득이한 사정) 받은 이력이 있을 때는 중간 정산일 이후부터 최종 퇴직일을 근무 기간으로 적용해야 합니다. 하지만 세액 정산특례를 신청한다면 중간 정산 기간과 금액을 포함해서 세액을 계산하고, 유리한 것으로 선택할 수 있습니다. 따라서 퇴직급여를 최대한 받고 퇴직소득세는 최소화하고 싶다면, 퇴직소득세 정산특례가 유리할 수 있습니다. 이 특례를 활용하면 중간 정산 기간과 금액을 포함해 세액을 계산할 수 있어 더 큰 세금 혜택을 받을 수 있습니다. 2023년부터는 퇴직소득 근속 연수 공제가 확대되어 더욱 유리한 조건이 마련되었습니다.

과거에 퇴직급여를 중간 정산한 적이 있다면, 최종 퇴직 시 세액 정산을 통해 세 부담을 줄일 수 있는지 검토해야 합니다. 임원으로 승진하면서 퇴직금을 중간 정산했거나, 회사의 합병, 분할, 계열사 전출 등으로 퇴직금을 수령한 경우에도 활용할 수 있습니다. 이러한 정산 방법은 퇴직금을 최대한 유리하게 받을 방법을 제공하며, 퇴직자의 세 부담을 줄이는 데 도움을 줍니다.

퇴직연금으로 노후 대비하기

안전한 상품, TDF, ETF, 리츠, 디폴트 옵션

퇴직연금 DC나 IRP 계좌에서는 다양한 투자 상품을 선택할 수 있습니다. 원금과 이자가 보장되는 예금이나 원리금 보장 ELB, 국채와 같은 안전한 상품은 전체 적립금의 100%까지 투자할 수 있어 노후 자금의 안정적 운용에 중요합니다.

높은 수익을 목표로 하는 주식형 펀드, 주식혼합형 펀드, 일부 부동산 펀드 등 투자형 상품은 투자 위험을 고려해 총적립금의 최대 70%까지만 투자할 수 있습니다. 주식 편입 비중이 40% 이상이거나 투자 부적격 채권을 초과하는 펀드 역시 총적립금의 70% 이내에서 투자해야 합니다.

안정적인 상품과 투자형 상품

안정적인 상품	투자형 상품	
원금과 이자 보장	보다 높은 수익 추구	
· 시중 은행, 저축은행예금 · 한국증권금융예금 · 우체국예금 · 원리금보장 ELB · 국고채(만기까지 보유 시)	· 채권형 펀드, ETF · 채권 혼합형 펀드, ETF · TDF	· 주식형 펀드, ETF · 주식 혼합형 펀드, ETF · 일부 부동산 펀드 · ELS 등 파생 결합 상품 · 채권(회사채, 금융채 등) · REITs
총적립금 100% 투자 가능	총적립금 70% 투자 가능	

안전한 상품

퇴직연금에서도 원금과 이자가 보장되는 안정적인 상품에 투자할 수 있습니다. 일반 은행예금 및 저축은행예금은 금융 기관에 따라 원리금 보장 한도 최대 5천만 원까지 투자할 수 있고, 한국증권금융과 우체국예금 등은 5천만 원을 초과하는 금액에 대해서도 가입할 수 있어 더 큰 안정성을 제공하죠. 우량 증권사에서 제공하는 원리금보장 ELB(Exchangeable Linked Bonds) 상품은 1만 원 단위로 소액 투자가 가능해 퇴직연금 자산의 안전성을 높이는 데 도움이 됩니다.

이러한 원리금 보장 상품들은 퇴직연금의 안전한 자산 운용을 위한 중요한 선택지로, 노후 자금 보호에 큰 역할을 합니다.

저축은행예금과 ELB

저축은행예금	구분	ELB
예금(1/2/3년 만기)	구조	우량 증권사가 원리금 지급 보장
예금자 보호	안정성	발행 증권사 신용등급 AA+~AA
저축은행별 원리금 합산 5천만 원	가입 한도	제약 없음(청약 단위 1만 원)
전화, 내점, 온라인 가입	가입 편의성	내점, 모바일

타겟데이트펀드(TDF)

타겟데이트펀드(TDF)는 은퇴 예정 시기를 고려해 자산 배분을 자동으로 조정하는 펀드입니다. 초기에는 자산 증식을 위해 주식 비중을 높게 설정하고, 은퇴 시기가 다가오면 위험을 줄이기 위해 채권 비중을 높입니다. 즉 젊은 시절에는 최대 80%까지 주식에 투자해 자산을 늘리는 데 집중하고, 시간이 지나면서 점차 안정적인 투자로 전환함으로써 자산을 보존합니다. 이러한 전략으로 TDF는 은퇴 시기에 맞춰 투자자가 안정적인 자금을 확보할 수 있도록 돕습니다. 특히 선진국의 퇴직연금 계획에서 널리 활용되며, 주식 비중이 80% 이하일 경우 총적립금의 100%를 해당 펀드에 투자할 수 있습니다.

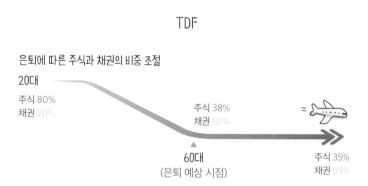

TDF

은퇴에 따른 주식과 채권의 비중 조절

20대
주식 80%
채권 20%

주식 38%
채권 62%

60대
(은퇴 예상 시점)

주식 35%
채권 65%

상장지수펀드(ETF)

최근 퇴직연금이나 연금저축계좌에서 주목받고 있는 투자 대상은 ETF입니다. ETF를 퇴직연금계좌에서 거래하면 상품

판매 수수료가 부과되지 않고, 수익에 대한 과세가 인출 시까지 연기됩니다. 연금을 수령할 때는 저율로 과세받게 되어 세제 혜택도 누릴 수 있습니다.

ETF는 실시간으로 시장 변동에 대응할 수 있다는 장점이 있지만, 실시간 거래 특성 때문에 바쁜 직장인이 직접 관리하기에는 어렵기도 합니다.

ETF

국내 채권   ETF   해외 채권

국내 주식   해외 주식

* 사고파는 시점에 가격 확정
* 상대적으로 저렴한 비용
  주식의 매매 수수료와 펀드의 운용 보수가 발생

리츠(REITs)

리츠(REITs)는 투자자의 자금을 모아 부동산이나 부동산 관련 자산에 투자하는 펀드입니다. 소액으로도 부동산 시장에 참여할 수 있으며, 주식처럼 매매가 자유로워 원하는 시점에 거래할 수 있는 유연성을 제공합니다. 리츠는 때로 높은 배당을 받을 수도 있습니다. 따라서 저금리 시대의 매력적인 투자 대안으로 각광받고 있습니다.

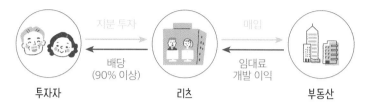

퇴직연금 리츠

지분 투자 / 매입

배당
(90% 이상) / 임대료
개발 이익

투자자 / 리츠 / 부동산

* **유동성** 주식처럼 자유로운 매매
* **소액 투자** 소액으로 부동산 투자
* **배당금** 높은 배당률

디폴트 옵션

디폴트 옵션은 DC과 IRP에서 가입자가 투자 지시를 내리지 않을 때 사전에 정한 방식대로 자동 운용되는 제도입니다. 만약 근로자가 퇴직연금에 신규 가입하거나 기존 계좌 상품의 만기가 도래했을 때, 별도 지시가 없으면 사전에 선택한 상품으로 자동 투자됩니다. 2022년 7월 12일부터 한국에서도 디폴트 옵션이 도입됐는데, 이는 낮은 퇴직연금 수익률을 개선하려는 조치의 일환입니다.

만약 디폴트 옵션을 선택하지 않으면 가입자가 직접 투자 상품을 선택해야 합니다. 그러면 퇴직연금에 대한 투자 결정을 자유롭게 할 수 있으나, 선택에 따른 책임과 위험이 커질 수 있습니다. 디폴트 옵션은 투자에 대한 부담을 줄이고, 더 안정적인 자동 운용을 제공해 가입자가 안심하고 퇴직 자금을 운용할 수 있도록 돕는 역할을 합니다.

미국, 호주, 일본과 같은 선진국에서는 이미 디폴트 옵션이 널리 활용되고 있으며, 이들 국가의 퇴직연금 수익률은 각각 연 8.6%, 7.7%, 5.5%로 상당히 높습니다. 이에 비해 한국의 5년 평균 수익률은 연 1.9%, 10년 평균 연 2.5% 정도입니다. 디폴트 옵션의 도입은 이러한 상황을 개선하고 근로자의 관심을 높여 수익률을 제고할 수 있는 방안으로 기대됩니다.

각 금융 기관은 가입자의 위험 성향을 고려하여 적합한 상품을 선정하며, 가입자는 그중에서 디폴트 옵션으로 사용할 상품을 선택할 수 있습니다. 상품이 만기에 도달하고 가입자가 4주 이내에 별도의 지시를 하지 않으면, 자동으로 디폴트 옵션이 적용되어 추가로 2주가 경과한 후에는 사전에 지정한 방식으로 투자가 진행됩니다.

이 제도는 필수적으로 따라야만 하는 것은 아니지만, 퇴직연금 계좌를 적극적으로 관리하기 어려운 근로자에게는 유용할 수 있습니다. 디폴트 옵션을 통해 설정한 상품은 쉽게 변경할 수 있기 때문에 근로자는 다양한 상품을 자유롭게 선택해 운용할 수도 있습니다. 또 위험 자산을 최대 100%까지 편입할 수 있어, 투자 선택의 폭을 넓힐 수 있습니다.

퇴직연금을 관리하는 세 가지 방법

퇴직연금을 관리하는 데는 세 가지 방법이 있습니다.

첫째, TDF 활용하기입니다. TDF는 위에서 설명한 대로 은퇴할 시기에 맞춰 자산을 자동으로 조절해 주는 펀드입니다. 즉 어떤 해에 은퇴할지 정하면, 그해를 목표로 한 TDF를 선택하면 됩니다. 예를 들어, 2025년에 은퇴할 계획이라면 TDF 2025를, 2045년에 은퇴할 계획이라면 TDF 2045를 선택할 수 있습니다. 이렇게 하면 시장 상황이 변해도 TDF가 자동으로 자산을 조절해 주기 때문에 더 안정적으로 퇴직연금을 관리할 수 있습니다. TDF 2025와 TDF 2045를 함께 보유하면, 서로 다른 시점에 은퇴할 계획을 세웠을 때 두 펀드가 상호 보완적으로 작용해 더 안정적인 투자가 가능합니다.

둘째, 퇴직연금 모집인 제도 활용하기입니다. 퇴직연금 모집인은 근로자의 퇴직연금 이해를 돕고, 수수료 없이 서비스를 제공합니다.

마지막, 자문사 활용하기입니다. 퇴직연금 운용에 어려움을 느낀다면 전문 자문사의 도움을 받는 것도 한 방법입니다. 자문사는 비용을 청구하지만, 퇴직연금 관리에 대한 전문적인 조언을 제공할 수 있습니다.

ISA 계좌를 아시나요?

　개인종합자산관리계좌(Individual Savings Account)의 줄임말인 ISA 계좌는 예금, 펀드, 주식 등 다양한 금융 상품에 투자할 수 있고, 세제 혜택도 누릴 수 있는 계좌입니다.

　2016년에 국민 만능 종합통장이라는 이름으로 등장했지만, 초기에는 만능이라고 보기 어려웠고 혜택 부족으로 관심이 떨어졌습니다. 2021년에 ISA 계좌 관련법이 개정되면서 가입 기간 제한이 없어지고, 상장 주식에 직접 투자할 수 있는 중계형이 추가되면서 활용도가 커졌습니다. 이에 따라 기존에 가입된 ISA 계좌를 활용하는 방법이 필요합니다.

　ISA 계좌는 소득 수준에 따라 일반형과 서민형으로 나뉩니다. 19세 이상의 거주자는 누구나 일반형에 가입할 수 있습니다. 서민형은 소득이 없거나 대학생, 주부 등 근로소득이 5,000만 원 이하, 종합 소득이 3,800만 원 이하인 경우에만 가입할 수 있으며, 소득확인증명서(개인종합자산관리계좌 가입용)를 제출해야 합니다.

　이 계좌에서 발생한 순이익에 대해 일반형은 200만 원, 서민형은 400만 원까지 비과세 혜택이 주어지며, 초과 수익에 대해서는 9.9%의 분리과세가 적용됩니다. 그러나 의무 납입 기간이 있어 최소 3년 이상 가입해야 하며, 납입 한도는 연간

2,000만 원으로, 최장 5년까지 총 1억 원을 넣을 수 있습니다. 원금은 중도 인출이 가능하지만, 수익금은 인출이 불가능하며, 해외 주식에는 투자할 수 없는 등 몇 가지 제약이 있습니다. 그러나 이러한 단점을 감안해도 세금 혜택 등의 장점이 더 크기 때문에 최근 ISA 계좌의 인기가 높아지고 있습니다.

ISA 계좌 종류

	일반형	서민형	농어민형
구분	근로소득 5천만 원 이하	종합 소득 3,800만 원 이하	
비과세 한도	200만 원	400만 원	
비과세 한도 초과 시	9.9% 과세		
의무 보유 기간	3년 (납입 원금 합계액 한도 내에서 인출 가능, 인출 횟수 제한 없음)		
납입 한도	연간 2천만 원, 최대 1억 (넣지 않은 한도는 다음 연도 이월 가능)		

ISA 계좌, 어떻게 활용할까

의무 납입 기간 3년이 경과할 때마다 해지하고 재가입해 비과세 혜택을 받는 방법이 있습니다. 만약 ISA 수익이 비과세 한도인 200만 원(400만 원)에 해당한다면 해지 후 수익을 확정할 수 있습니다. 또 만기를 연장하는 방법도 있으며, 이는 일일 단위로 연장 가능합니다. 만기 전 3개월부터 만기 전날까지 원하는 기간만큼 가능하며, 만기를 길게 연장 후 해지하더라도 총합산 가입 기간이 3년 경과할 때 비과세 혜택을 받을 수 있습니다. 기존 ISA 계좌는 일임형과 신탁형뿐만 아니라 증권사 중계형으로 이전하는 것도 가능합니다.

연금계좌로의 이체도 가능합니다. 연금계좌의 납입 한도는 연간 1,800만 원이며, 이와 별도로 ISA 전환 금액 중 전부 또는 일부가 연금계좌 납입금으로 인정됩니다. 이를 통해 ISA 전환 금액의 10%에 해당하는 최대 300만 원까지 추가 세액공제를 받을 수 있습니다. ISA 계좌에서 연금계좌로 이체 시에는 ISA의 모든 자산이 매도되고 연금으로 이체됩니다.

ISA 계좌는 3년에서 5년의 목적 자금을 만들어 가는 데 효과적인 계좌입니다. 이에 따라 기존에 보유하고 있는 ISA 계좌를 목적에 맞게 활용하길 바랍니다.

퇴직연금, 이런 게 궁금해요

연금저축계좌는 비교적 유연하게 중도 인출을 할 수 있습니다. 중도 인출 시 세액공제를 받지 않은 부분은 비과세로 인출되고, 당해 연도에 납입한 금액도 세금 없이 인출이 가능합니다. 그러나 세액공제를 받은 부분과 연금저축계좌에서 발생한 수익을 중도 인출하면 16.5%의 기타소득세가 부과됩니다.

반면 IRP 계좌는 〈근로자퇴직급여보장법〉에서 정한 특정한 사유에 해당할 때만 계좌를 해지하지 않고도 중도 인출이 가능합니다. 특정한 사유는 아래와 같습니다.

· 본인 또는 부양가족이 질병 등으로 6개월 이상 장기 요양을 하는 경우
· 개인 회생 절차가 개시되었거나 파산 선고를 받은 경우
· 천재지변을 당한 경우, 사회적 재난을 당했을 경우
· 무주택자가 본인 명의의 주택을 구입하거나 임대 보증금을 내야 하는 경우

이러한 사유가 아닌 경우에는 중도 인출을 하더라도 기타소득세가 부과됩니다.

연금저축계좌와 IRP의 연간 납입 한도는 각각 1,800만 원입니다. 연금계좌는 직장 생활을 할 때 세액공제를 통해 절세 효과를 누릴 수 있으며, 은퇴 이후에는 저율 과세로 노후 생활을 더 풍요롭게 할 수 있습니다. 또 연금계좌에서 수령하는 연금에는 건강보험료가 부과되지 않습니다. 따라서 최근에는 연금계좌에 더 많이 납입하고자 하는 사람이 늘고 있는데요. 활용할 수 있는 추가 납입 방법은 두 가지가 있습니다.

첫 번째, 2022년 세제 개편으로 기존 주택을 매각하고 기존보다 저렴한 주택으로 이전해 그 차액을 연금계좌에 추가 납입할 수 있습니다. 구체적으로 1주택 고령 가구 중 한 명이 60세 이상인 경우, 종전 주택을 팔고 저렴한 주택을 취득하면 최대 1억 원 한도에서 연금계좌에 추가 납입이 가능합니다. 다만 다음 조건을 만족해야 합니다

- 1주택자
- 부부 중 1명은 60세 이상
- 종전 주택의 지분 시가가 12억 이하 주택
- 종전 주택을 판 시점부터 6개월 이내에 연금계좌에 입금
- 5년 동안 사후 관리 대상에 속하므로 이후 종전 주택보다 큰 가치의 주택을 취득할 수 없음

두 번째, ISA 계좌 만기 시 연금계좌에 추가 납입할 수 있습니다. ISA 계좌의 만기 자금을 연금계좌로 이체할 때는 연간 납입 한도가 확대됩니다. 따라서 ISA 계좌의 만기 자금을 연금계좌로 이체하면 한도와 관계없이 납입이 가능합니다. ISA 계좌의 5년간 납입 한도는 1억 원이지만 운용 수익에 따라 변동할 수 있으므로, 연금계좌로 이체할 때의 한도를 별도로 설정하

지 않았습니다. 이를테면 연금계좌로 이체한 금액에 대해서는 10%, 최대 300만 원을 세액공제로 받을 수 있습니다. 이는 기존 연금저축계좌와 IRP 납입 시 적용되는 세액공제 한도와 별개로 부여됩니다.

ISA 만기 자금 3천만 원을 연금계좌로 이체할 때

세액공제 대상 금액 **(10%, 최대 300만 원 한도)**		3천만 원 × 10% = 300만 원
환급 대상 금액	종합 소득 금액 4천만 원 초과(근로소득만 있는 경우, 총급여 5,500만 원 초과)	300만 원 × 13.2% = 39만 6천 원
	종합 소득 금액 4천만 원 이하(근로소득만 있는 경우, 총급여 5,500만 원 이하)	300만 원 × 16.5% = 49만 5천 원

Q) 연금계좌로 이체한 ISA 만기 자금을 연금 수령 전에 찾을 수 있나요?

연금저축계좌로 입금된 경우는 자유롭게 인출이 가능합니다. 특히 세액공제를 받지 않은 부분은 연금으로 받거나 일시금으로 찾아도 됩니다. 그러나 IRP 계좌로 입금한 경우에는 상황이 조금 복잡해집니다. 〈근로자퇴직급여보장법〉상 중도 인출 사유에 해당하는 경우에만 중도 인출이 가능합니다.

세액공제를 받지 않은 부분은 일시금으로 인출하거나 연금으로 받으면 비과세 처리되며, 종합과세의 한도에 들어가지 않습니다. 세액공제를 받은 부분과 운용 수익은 연금소득세로 과세되며, 세액공제를 받은 부분을 일시금으로 수령하면 16.5%의 기타소득세가 부과됩니다.

세액공제를 받은 부분과 운용 수익에 해당하는 부분의 연간 연금 수령액이 연간 1,500만 원을 초과하면 종합소득세 또는 분리과세(16.5%)가 됩니다.

연금저축계좌와 IRP 같은 세제 혜택이 있는 상품들은 금융 기관 이전이 가능합니다. 이와 마찬가지로 DC나 ISA도 금융 기관 이전 신청이 가능합니다. 2021년 1월부터는 기존 가입한 금융 기관을 방문할 필요 없이 신규 금융 기관 1회 방문만으로도 이전할 수 있고 제출해야 할 서류도 간소화되어 편리해졌으며, 지금은 금융 기관을 방문하지 않고도 스마트폰 앱을 통해 이전 신청이 가능합니다.

새로운 출발, 은퇴 후의 삶과 웰빙

 은퇴 후에 새로운 도전을 하고 싶습니다. 은퇴가 아닌 새로운 시작으로 은퇴를 맞이하고 싶어요. 그림 그리기나 공예 활동을 하거나 지역 사회 봉사 활동에도 참여하고 싶습니다.

 예술 활동과 봉사 활동은 정말 멋진 선택입니다. 새로운 취미를 통해 자신을 발견하고 지역 사회에 기여해 보람찬 은퇴 생활을 즐기실 수 있을 겁니다.

통계청 발표에 따르면, 1970년대에는 한국인 평균 수명이 62.3세(남성은 58.7세, 여성은 65.8세)였고, 당시 직장 정년은 60세였습니다. 그러나 2020년에는 평균 수명이 83.5세(남성은 80.5세, 여성은 86.5세)로 늘어났고, 직장 정년은 50대 중반으로 단축됐습니다. 이러한 통계를 보면 1970년대에는 사람들이 평균 수명만큼만 산다고 가정할 때 정년과 함께 삶도 마무리되었지만, 오늘날에는 정년퇴직 후 30년 이상의 시간을 더 살게 된 거죠. 바로 인생 후반부에 새로운 삶이 시작됐다는 것을 의미합니다.

은퇴 이후 아름다운 삶을 영위하려면 몇 가지 준비를 해야합니다. 먼저 경제적인 준비가 필요하죠. 충분한 은퇴 자금을 마련하는 게 중요합니다. 그렇지 않으면 은퇴 후에 경제적인 부담을 겪을 수 있어요. 이를 위해 사전에 경제적인 안정을 위한 계획을 세우는 게 중요합니다.

둘째로, 건강을 관리하는 것이 중요합니다. 건강한 삶은 행복한 은퇴 생활의 기반입니다. 꾸준한 운동과 건강한 식습관을 유지하고, 정기적인 건강검진을 받으며 건강을 관리해야합니다.

마지막으로, 의미 있는 활동을 하는 것이 중요합니다. 은퇴이후에도 자신을 위한 의미 있는 일을 찾아야 합니다. 예술 활동과 봉사 활동을 생각하는 민이 아빠의 성공적인 은퇴 준비를 응원하겠습니다.

제7장
신탁,
믿고 맡기고 떠나는 여행

FROM: ○ — — — ✈ — — — → TO:

신탁 계약　　　　　　　　　　목적에 따라 활용하기

민이 아빠

오상민 변호사

우리나라에 신탁 제도가 처음 도입된 건 1961년입니다. 초기에는 금전 신탁에만 활용되었다가 부동산신탁으로 영역을 확장했고, 2012년 신탁 법이 전면 개정되면서 마치 공기처럼 모든 영역에서 신탁이 활용 및 응용되고 있습니다. 재개발, 재건축 및 부동산 개발 사업에서 부동산신탁은 필수적인 절차이며, 은행과 같은 금융 기관은 근저당권과 가등기에 대비되는 부동산 담보신탁과 부동산 처분신탁을 활용하고 있습니다. 또 유언 공증 또는 성년 후견 제도에 대체되는 유언대용신탁, 비상장 법인에서 차명 주식 문제와 가업 승계를 해결하기 위한 주식신탁, 기부를 위한 공익신탁, 심지어 반려동물을 위한 펫(PET)신탁 등 다양한 영역에서 신탁이 활용되고 있습니다. 다양한 신탁의 세계를 이해하기 위해 오 변호사님을 만나 보겠습니다.

신탁 이해하기

 요즘 신탁이라는 말을 많이 듣는데요, 구체적으로 신탁이란 어떤 것인가요?

 신탁(信託)은 믿을 신(信), 부탁할 탁(託)이라는 한자 단어로, '믿고 부탁하여 맡긴다'라는 의미입니다.
'위임'이나 '대리' 같은 법률 관계도 믿고 맡길 수 있다는 점에서 신탁과 유사하죠? 하지만 근본적으로 다른 점은 신탁은 수탁자에게 신탁 재산에 대한 대내외적인 소유권이 모두 이전되어 수탁자가 소유자로서 신탁 재산에 대한 권리를 행사하는 것입니다.

수탁자에게 소유권이 모두 이전된다는 점 때문에 자기 것을 빼앗기는 게 아닌가 하는 오해도 많지만, 신탁에서는 수탁자가 신탁 재산의 소유자로서 권리를 행사할 때 임의대로 하는 것이 아니라 처음에 체결했던 신탁 계약과 신탁 법령 그리고 가장 중요한 신탁 목적에 따라서만 행사하도록 권리 행사가 제한되어 있습니다. 수탁자가 믿고 맡긴 고객을 배신할지 모르기 때문에 법적으로 여러 안전장치를 두고 있으며, 신탁법을 위반하면 때에 따라 형사 책임까지 부담해야 합니다.

신탁 재산 권리 행사 순서

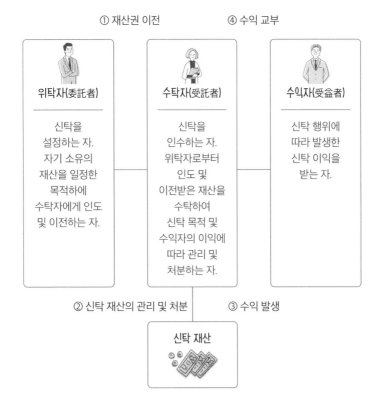

신탁의 역사

중세 시대부터 지금까지, 영국에서 우리나라로

신탁은 중세 영국에서 제일 먼저 생겼습니다. 십자군 전쟁에 출정한 군인이 가족의 생계를 위해 명망 있는 제삼자에게 자기 소유의 재산을 이전하고 심지어 가족의 생계와 자녀 양육까지 부탁하면서 시작됐습니다. 당시 수탁자가 된다는 것은 너무나 명예로운 일이어서, 신탁 업무를 처리하면서 따로 보수를 받지는 않았습니다.

그런데 신탁 제도가 미국으로 건너가면서 수탁자의 역할을 금융 기관이 대신하게 되었습니다. 미국은 과거 영국의 전통적인 신탁 제도를 도입했지만, 여러 나라의 이민자로 구성된 신흥 사회였기 때문에 개인 간의 신뢰가 부족했죠. 따라서 금융 기관이 수탁자의 역할을 대신했고, 이로 인해 사업화된 영리신탁이 발달했습니다. 그러다가 일본이 메이지 유신 때 영국과 미국의 신탁 제도를 도입했고, 일본을 거쳐 우리나라에까지 이르렀습니다.

우리가 지금 많이 활용하고 있는 법인 제도는 독일에서 유래했으며 불과 18~19세기에 만들어진 제도지만, 신탁 제도는 그보다 훨씬 오래전부터 활용됐으니 얼마나 역사가 깊은 제도인지 알 수 있죠? 그래서 '법인의 시대가 가고 신탁의 시대가 도래할 것'이라는 표현처럼 신탁이 모든 분야에서 두루두루 사용되고 있습니다.

우리나라는 2012년 전면 개정된 신탁법을 시행하면서 신탁의 부흥기를 맞았습니다. 과거에는 금융 기관도 신탁을 활용한 금융 상품을 만들어 내놓지 못할 정도로 신탁에 대한 이해나 활용이 매우 부족했지만, 지금은 신탁의 유연성과 자율성을 충분히 활용해 실정법의 테두리 안에서, 위탁자의 상상력이 미치는 범위까지 신탁으로 무엇을 할 수 있는가에 대한 상상이 자유롭게 이루어지고 있습니다.

신탁의 네 가지 장점

신탁을 매우 유용한 제도로 만든 네 가지 장점이 있습니다.

첫째, 신탁 재산에 대한 강제 집행 금지 기능입니다. 위탁자가 자신이 소유하고 있었던 재산을 수탁자에게 신탁하는 경우 신탁 재산의 대내외적인 소유권이 수탁자에게 완전히 이전돼 위탁자의 채권자가 강제 집행, 담보권 실행 등을 위한 경매, 보전처분 또는 국세 등 체납처분을 할 수 없습니다(신탁법 제22조).

둘째, 도산 격리 기능입니다. 신탁 재산은 신탁법상 신탁 재산의 독립성으로 위탁자의 재산 및 수탁자의 고유 재산과 구별됩니다. 따라서 위탁자 또는 수탁자가 파산해도 파산 재산에 속하지 않습니다.

셋째, 조세 편의 기능입니다. 세법상 수익자에게 과세되고, 수탁자에게는 이중 과세되지 않는 조세 편의 기능이 있습니다. 만약 수탁자가 신탁 재산인 부동산의 소유권을 취득해도 취득세가 부과되지 않는 거죠(지방세법 제9조 제3항). 따라서 취득세 부과 시점을 수익자가 신탁 부동산의 소유권을 취득한 시점으로 이연시킬 수 있습니다. 또 부동산 담보신탁은 근저당권자가 근저당권 설정 등기 시에 부담해야 하는 등록세와 교육세를 부담하지 않아 새로운 선진 금융 기법으로 활용되고 있습니다. 부동산 처분신탁은 가등기권자가 가등기 설정 시에 부담해야 하는 취득세를 부담하지 않아 매수자 또는 매수 예정자가 장래에 취득하는 부동산의 소유권을 보존하는 방법으로 활용됩니다.

넷째, 신탁 재산 공매 절차의 장점입니다. 수탁자에 의한 신탁 재산의 공매 절차는 법원의 경매 절차와 달리 탄력적으로 운용할 수 있습니다. 이에 따라 채권 회수에 걸리는 시간과 비용이 절감되고, 법원의 임의 경매 절차와 달리 매각에 따른 조건을 부과하거나 채무자인 위탁자가 이미 취득한 사업 인허가권을 신탁 부동산과 함께 매각하는 조건부 매각 내지 일괄 매각이 가능하므로 고가 매각을 할 수 있습니다.

복잡한 신탁, 간단하게 구분하기

요즘은 금융 기관에서 매우 다양한 신탁 상품을 판매하고 있는데요. 이는 판매하는 신탁 상품의 특징을 한 단어로 나타내기 위한 작명에 불과할 뿐, 이것이 신탁의 종류를 의미하는 것은 아닙니다. 신탁의 종류는 간단하게 신탁을 하는 재산을 기준으로 동산신탁과 부동산신탁으로 구분합니다.

신탁의 종류

부동산신탁은 부동산등기법상 부동산에 대해 등기할 수 있는 권리를 신탁하는 것입니다. 즉 부동산 소유권, 지상권, 지역권, 전세권, 저당권, 임차권 등을 신탁할 수 있습니다. 신탁 재산이 부동산이면, 일반적인 물권 변동을 위한 공시로 부동산 등기가 수반되기 때문입니다.

신탁의 종류

부동산신탁
부동산

신탁 ➝

동산신탁
동산(소유권), 금전, 채권, 영업, 저작재산권, 주식 등

종합재산신탁
부동산신탁 + 동산신탁

동산신탁의 가장 대표적인 종류가 금전신탁입니다. 금전신탁은 신탁받은 금전을 특정한 목적(예를 들어 삼성전자 주식만을 매매하여 운용하는 목적)으로만 사용해야 하는 특정금전신탁과 이러한 제한이 없는 불특정금전신탁으로 구분됩니다.

신탁 상품의 종류

신탁 상품은 크게 토지신탁과 비토지신탁 상품으로 구분됩니다. 토지신탁은 부동산 개발 사업을 위한 상품이어서 우리와 직접적인 관련이 없을 수 있지만, 아파트 같은 부동산에 대한 분양계약을 체결할 때 부동산신탁 회사가 분양자(또는 매도인, 사업 주체, 시행 수탁자)인 경우 토지신탁 상품을 분양받은 것입니다.

비토지신탁은 통상 토지신탁이 아닌 신탁 상품을 통칭하는 용어입니다.

많이 복잡해 보이지만 담보신탁은 근저당, 처분신탁은 가등기와 유사한 신탁 상품이라고 이해하면 될 것 같습니다.

신탁 상품의 종류

토지신탁 (개발신탁)	차입형	분양형	신탁 회사가 수탁받은 토지를 개발하여 건축물을 건설하고 이를 분양하여 처분한 뒤 개발 이익을 수익으로 교부하는 신탁.
		임대형	신탁 회사가 수탁받은 토지를 개발하여 건축물을 건설하고 이를 임대하여 임대 수익을 수익으로 교부하는 신탁.
	관리형		차입형 토지신탁과 같지만, 신탁 회사의 차입이 일어나지 않고 시공사가 위탁자의 의무이행을 보증하는 신탁.

비토지신탁	처분신탁	신탁 회사가 수탁받은 부동산을 처분해 처분대금을 수익으로 교부하는 신탁.	갑종처분신탁	매수자 물색, 매매계약 체결 등의 업무를 신탁 회사가 수행.
			을종처분신탁	매수자 물색, 매매계약 체결 등의 업무를 위탁자가 수행.
	관리신탁	신탁 회사가 수탁받은 부동산에 대하여 소유권 관리 등의 보존 업무를 수행하는 신탁.	갑종관리신탁	소유권 관리 이외에 임대차 관리, 세무 관리, 법무 관리 등 부동산에 대한 종합적인 관리 업무를 수행.
			을종관리신탁	위탁자가 위탁한 부동산의 소유권 명의만을 보존.
			분양관리신탁	〈건축물의 분양에 관한 법률〉 제정에 따라 신설. 위 법률이 적용되는 건물을 선분양할 때 적용되는 신탁.
	담보신탁			신탁 회사는 위탁자가 자신 또는 타인의 채무를 담보하기 위해 위탁한 부동산을 수탁받아 채무자(우선수익자)를 위해 수탁 부동산의 담보 가치가 유지, 보전되도록 관리하다가, 채무가 정상적으로 이행되면 이를 위탁자에게 환원하고 채무가 정상적으로 이행되지 않으면 공매 처분하여 환가대금을 채권자(우선수익자)에게 교부하는 신탁. 근저당권과 유사한 신탁 상품.

신탁 활용하기

최근 신탁은 유언과 관련해서 다양하게 활용되고 있습니다. 특히 유언대용신탁은 유언 공증과 같은 효과를 발생시키면서 법적으로 정해진 내용만을 유언으로 하는 한계에서 벗어나 다양한 내용을 유언 사항으로 정할 수 있습니다. 그 목적도 증여나 손자 양육, 가족 부양, 상속인의 상속 재산 보호, 가업 승계 등을 위한 목적같이 생각보다 폭넓게 이용될 수 있고요. 이제부터 그런 사례를 살펴보겠습니다.

유언의 범위를 확장하다
유언대용신탁의 다양한 사례

유언대용신탁의 기본적인 구도와 원리는 모두 같습니다. 다양한 목적에 따라서 신탁 계약의 세부적인 내용을 다르게 정하는 것이죠. 신탁 유형은 하나하나 다 다르고, 케이스마다 처리하는 방법도 다릅니다.

가문의 재산을 지키는 신탁

위탁자가 먼저 자신의 상속인(배우자, 자녀, 손자, 증손자 등등)을 수익자로 지정한 뒤, 원본수익은 계속 수탁자에게 유보해 두고 상속인에게는 수익수익(收益受益, 이익수익)만을 교부하는 신탁입니다. 상속인이 상속 순위에 따라 수익수익을 취득하는 시점은 선순위 수익자 사망 시로 지정합니다.

부담부증여를 대체하는 신탁

부모가 생전에 재산을 자녀에게 단순 증여하는 경우, 자녀가 재산을 모두 이전받고 부모를 부양하지 않을 것을 염려할수 있겠죠? 그때 증여의 조건으로 부모에 대한 부양을 부담으로 설정한 증여를 부담부증여라고 합니다.

그러나 부담의 불이행을 이유로 부모가 자식에 대한 증여를 취소하려고 해도 부담의 이행 여부 등과 관련해 부모와 자식에게 다툼이 발생하고, 심지어 법정에서 소송으로 비화하는 경우가 빈번합니다.

이렇게 유언대용신탁을 설정한다면, 신탁 계약에 자녀의 부담 내용을 반영하고 신탁 계약 불이행 시 수탁자가 부모인 위탁자에게 신탁 계약 해제를 통해 증여를 취소하는 효과를 손쉽게 발생시킬 수 있습니다.

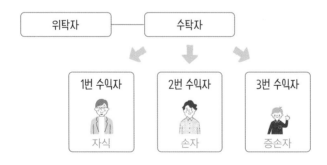

배우자에 대한 노후 대비 신탁

이번 신탁은 앞의 신탁과 기본적인 구도와 원리는 같지만, 3번 수익자(자식)의 수익 발생 여부 및 규모를 2번 수익자(배우자 겸 모친) 또는 수탁자가 정할 수 있도록 재량권을 부여한다는 점에서 다릅니다. 따라서 이 신탁은 3번 수익자가 2번 수익자에 대한 부양 의무를 충실히 수행하게 하는 조건을 설정하는 신탁입니다.

신탁법상으로는 2번 수익자 또는 수탁자에게 수익자 지정권, 수익자 변경권, 수익 분배 비율 및 지급 조건 변경 권한 등 제반 권한을 부여합니다.

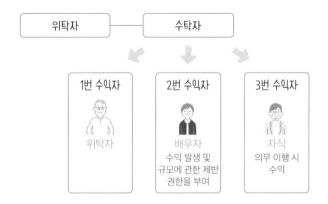

손자에 대한 양육 보장

손자를 직접 키우는 며느리에 대한 상속신탁입니다. 2번 수익자 며느리에게 ① 법정 상속분 중 유류분 한도 내에서 수익을 부여하고, ② 수익 발생 시기는 손자가 성인이 되는 시점, ③ 위 시점에 나머지 상속분에 해당하는 수익을 추가 부여하는 조건을 신탁 계약에 반영했습니다.

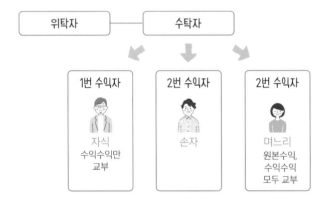

자식에 대한 증여 및 증여재산 관리

수탁자에 대한 불신, 증여세 발생 시점에 대한 불만, 자식에 대한 신뢰 부족 등을 원인으로, 기본적인 유언대용신탁 방식에 부족함을 느끼고 전문가에게 신탁 구도를 변경하길 원하는 경우도 있습니다. 의뢰자는 수익수익의 발생 시점을 신탁 기간 중으로, 원본수익의 발생 시점을 수탁자 사망 후에 정하는 것으로 희망했습니다. 그러한 요청을 반영해 신탁 구도의 설계를 변경할 수 있습니다.

설계 전

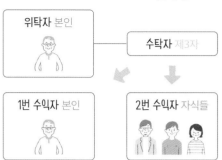

위탁자 본인

수탁자 제3자

1번 수익자 본인

2번 수익자 자식들

설계 후

본인

자식1 위탁자

자식2 위탁자

자식3 위탁자

본인 수탁자

자식1 수익자

자식2 수익자

자식3 수익자

사후 동생들에 대한 부양

2번 수익자 사망 후 3번 수익자의 권리가 발생하도록 하였습니다.

동생인 2번 수익자의 수익권 중 원본수익에 대한 권리를 동생의 상속인이 주장할 수 있습니다. 따라서 원본수익에 대한 권리가 2번 수익자의 상속인에게 상속되지 않고, 위탁자의 상속인에게 상속될 수 있도록 사전에 수익권 포기서를 징구한 사례입니다.

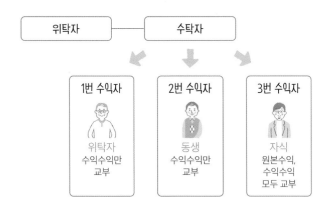

딸에 대한 상속 재산 보호

아들이 부모를 괴롭히며 부모의 많은 재산을 이미 자기 명의로 옮겨 놓거나 자신의 채무를 담보하기 위해 물상보증 형태의 근저당권을 설정한 상태입니다.

이에 아버지는 딸의 상속 재산을 미리 확보해 주고, 임대 수익은 자신이 살아 있는 동안 생활비로 사용하기를 희망했습니다.

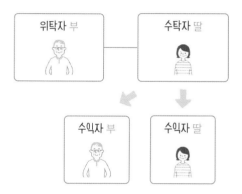

법인 대출을 위한 주식신탁

A와 B는 법인 공동 대표이며, 법인 주식 지분도 50:50입니다. 법인 대출을 위해서는 대외적으로 과반수의 주주가 있어야 하는데, A와 B 모두 상대방에게 1주를 넘기는 것은 싫어하고, 주식명의신탁도 싫어하는 상황입니다.

이에 수탁자는 공동 수익자 전원의 동의하에 수탁받은 주식의 의결권을 행사하도록 하고, 공동 수익자 중 1인의 요청만으로 신탁 해지가 가능하도록 설계했습니다.

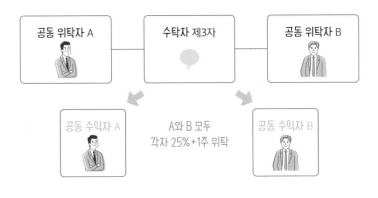

최근에는 이처럼 비상장 법인의 주식을 신탁하는 사례가 늘고 있으며, 위와 같이 법인 대출이 아니더라도 기존에 명의신탁된 주식의 처리 또는 장남에 대한 가업 승계 등의 상속을 원인으로 비상장 법인의 주식을 신탁으로 해결하는 사례가 늘고 있습니다.

지인에게 1억을 빌려주기로 했다면?

제가 지인에게 1억 원의 돈을 빌려주기로 했는데요, 친한 사이여서 차용증과 같은 문서를 작성해 달라고 요청하기에는 불편한 상황입니다. 그렇다고 아무 문서도 작성하지 않고 1억 원이라는 큰돈을 빌려주기에는 부담스러운데 어떡해야 할까요?

친한 사이일수록 더욱더 상호 법률 문서 등을 작성해 혹시 발생할 수 있는 분쟁을 예방해야겠죠. 서로 간 믿음의 문제가 아니라 사람의 기억은 불완전하거나 본인에게 유리한 것만 기억하는 습성이 있기 때문인데요. 기억을 환기하기 위해서라도 법률 문서를 작성하는 게 좋습니다. 그것이 오히려 서로의 좋은 관계를 계속 유지하는 지름길입니다.

일상생활 속 법률, 이런 게 궁금해요

문서 날인

Q) 인감도장 날인과 인감증명서는 필수인가요?

모든 문서에 대한 날인은 인감도장으로 하고, 그것이 인감도장이라는 것을 증명하는 인감증명서를 첨부해야만 비로소 법적으로 아무런 문제가 없는 도장 날인이 됩니다. 최근에는 본인서명과 본인서명사실확인서로 인감도장과 인감증명서를 대체하기도 하지만, 예전 관행이 있어서인지 인감도장과 인감증명서를 더 선호합니다.

막도장 날인이 법적으로 효력이 없는 것은 아닙니다. 막도장을 문서에 날인한 사람이 본인이 날인한 도장이 맞다고 인정하면 아무런 문제없이 정상적으로 법적 효력이 발생하지만, 만약 본인이 날인한 도장이 아니라고 부인하면 법적 효력이 발생하지 않습니다.

Q) 인감증명서는 1개월 또는 3개월 이내에 발급한 것이어야 하나요?

관공서에서는 규정에 이런 제한이 있지만, 개인 간의 법률관계에서는 이와 같은 제한이 없습니다. 다만 오래전에 발행된 인감증명서라면, 분실을 핑계로 다른 인감으로 변경했을 가능성도 있겠죠? 따라서 되도록 발급일로부터 단기간 내에 발행된 인감증명서를 첨부하는 것이 안전합니다.

인감도장을 날인받고 인감증명서를 첨부하는 것이 어렵다면, 먼저 상대방과 함께 공증인가 법무법인 또는 법률사무소를 방문해 문서 공증을 받는 방법이 있습니다. 문서 공증은 인감도장 날인과 인감증명서를 첨부하는 것과 동일한 법적 효력이 발생합니다.

만약 문서 공증을 받을 수 없다면 ① 상대방의 지장 날인, ② 상대방의 자필 서명, ③ 신분증 사본(앞뒷면)을 첨부해야 합니다. 이러한 방법은 인감도장 날인과 인감증명서를 첨부하는 것과 100% 동일한 법적 효력이 생기는 것은 아니지만, 최대한 문서로 상대방이 작성하고 동의한 서류라는 증거를 많이 남겨둬야 합니다. 상대방이 막도장을 날인하는 현장을 영상이나 사진으로 촬영하거나 당사자가 아닌 제삼자가 현장에 입회하여 해당 문서에 입회인으로 날인하거나 자필 서명을 하는 방법을 추가하면 더욱 강력한 법적 효력이 생깁니다.

그렇다고 해서 막도장이 아닌 자필 서명만 받는 것은 안 됩니다. 자필 서명의 경우 상대방이 본인의 자필 서명이 아니라고 부인하면 필적 감정을 해야 하는데 필적 감정의 결과가 100% 사실과 일치하지는 않는 한계가 있습니다. 따라서 자필 서명을 받을 수 밖에 없는 상황이라면 지장 날인, 사진 또는 영상 촬영, 제3자 입회를 병행해 진행하기를 바랍니다. 입증 방법은 넘치게 해 두는 것이 제일 안전합니다.

문서에 공증을 받는 것은 필수 사항이 아니고 선택 사항입니다. 문서에 대한 날인은 인감도장으로 하고 그것이 인감도장이라는 것을 증명하는 인감증명서를 첨부한다면 문서에 공증을 받을 필요는 없습니다. 최근에는 본인 서명과 본인서명사실확인서가 인감도장과 인감증명서를 대체하므로 이 경우에도 문서에 공증을 받을 필요는 없습니다.

다만 문서에 막도장을 날인할 수밖에 없어 추후 문제가 될 가능성을 사전에 차단하기 위해 해당 문서에 공증을 받는 것이 좋습니다. 어느 경우에는 공증을 받아야만 하고 또 어느 경우에는 공증을 받지 않아도 되는지에 대한 법률 규정은 없습니다.

Q) 확정일자는 무엇인가요? 문서에 확정일자를 꼭 받아야 할까요?

확정일자란 공무원이나 공증인이 사문서에 일자를 기입하고, 그 사실을 장부에 기재한 것입니다. 관공서에서 발급한 문서, 법원에서 서류를 접수하면서 찍는 접수일부인, 내용증명 우편에 기재되는 발송연월일, 공증인이 공증한 경우 기입된 일자가 확정일자에 해당합니다. 확정일자는 문서의 진정 성립을 보증하는 공증과 달리 문서가 작성된 날짜만을 확인해 주는 효과만 있습니다.

확정일자의 효력이 있는 내용증명과 달리 배달증명은 배달일자만 증명될 뿐이고, 발송일 당시에 정말 그런 내용의 문서가 존재했는지까지는 증명할 수 없기 때문에 확정일자에 해당되지 않는다는 점을 주의해야 합니다.

문서에 확정일자를 받아야만 효력이 생기거나 제3자에게 대항할 수 있는 경우에는 반드시 해당 문서에 확정일자를 받아야 하며, 이러한 경우가 아니라면 확정일자를 받아야 하는 의무가 있는 것은 아닙니다. 다만 확정일자를 받는 비용이 1,000원밖에 되지 않고, 문서를 작성한 일자에 관한 안전한 증거가 될 수 있다고 법률상 인정되며, 당사자가 나중에 변경하는 것이 불가능한 일자를 의미하므로 가급적 확정일자를 받아두는 것이 좋습니다. 특히 가족 간의 계약서나 차용증 등을 작성하는 경우와 같이 타인으로부터 문서 작성일자에 대한 의심을 받을 가능성이 큰 경우에는 확정일자를 받는 것이 좋습니다.

문서 작성

Q) 돈을 빌려주고 작성하는 계약서에서 당사자는 어떻게 표시해야 하나요?

돈을 빌려주는 사람과 돈을 빌려 가는 상대방의 이름을 각각 정자로 기입하고, 각 당사자를 특정할 수 있는 표시(주민등록번호, 주소, 전화번호 등)를 함께 기재하면 됩니다.

간혹 본명이 아닌 가명을 사용하는 사람이 있으므로 신분증이나 주민등록초본 내지는 주민등록등본으로 본명을 확인하여야 합니다. 주소 역시 신분증이나 주민등록초본 또는 주민등록등본상 주소를 기입하며, 실제 거주지가 다를 경우에는 거주지를 병기합니다.

Q) 주민등록번호를 병기하면 개인정보보호법 문제가 발생하지 않을까요?

계약서에 '본 계약으로 취득하는 상대방의 개인정보 및 개인신용정보에 대하여 상호 간에 제공, 수집, 활용, 보관 등을 하는 것에 동의한다'라는 문구를 삽입하면 됩니다.

주민등록번호를 병기하는 이유는 추후 법적 분쟁이 발생하면 상대방의 주민등록번호로 최근 주소를 확인할 수 있는 주민등록초본을 발급받을 수 있고, 또한 법원 판결로 상대방의 재산에 대하여 강제집행을 해야 할 때 상대방의 주민등록번호가 꼭 필요하기 때문입니다. 물론 재판에서 다른 방법으로 상대방의 주소와 주민등록번호를 확인할 수 있지만, 해당 과정이 매우 복잡하고 시간이 오래 걸릴 뿐만 아니라 확인이 어려운 경우도 생길 수 있으므로 미리 관련 정보를 확보하시는 것이 좋습니다.

Q) 상대방 대리인이 문서를 작성할 때 날인과 당사자 표시가 달라지나요?

먼저 사자(使者)와 대리인의 차이부터 설명하겠습니다. 사자(使者)란 당사자의 심부름꾼으로, 당사자가 직접 올 수 없을 때 사자가 당사자의 인감도장과 인감증명서를 직접 들고 와서 사자 본인은 어떠한 판단도 하지 않고 당사자를 대신해 문서를 작성합니다. 즉 당사자가 직접 법률 행위를 하는 것과 다를 바 없으며, 당사자의 '늘어난 팔'이라고 비유합니다. 대리인은 당사자로부터 일정한 법률 행위를 할 수 있는 권한을 위임받아 당사자를 위하여 독자적으로 법률 행위를 자유롭게 할 수 있는 사람을 의미합니다.

사자는 당사자의 위임장이 필요없으며 대리인은 위임장이 반드시 필요하고, 사자는 문서에 표시되지 않지만 대리인은 문서에 반드시 표시되어야 합니다.

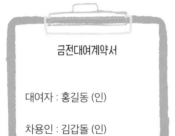

당사자의 사자가 문서를 작성할 때, 반드시 당사자가 사자에게 그러한 시켰는지 확인해야 합니다. 통상은 당사자가 미리 사자를 보내 문서 작성 및 날인을 하고 서류를 전달하겠다고 양해를 구하는 것이 일반적이고, 그렇지 않다면 당사자와 통화하여 해당 내용을 녹음하거나 당사자와 주고받은 문자나 SNS 등의 내용을 채증하여야 합니다.

한편 대리인이 문서를 작성할 경우 당사자 본인의 날인은 필요하지 않습니다.

문서 내용

Q) 문서에서 대여와 투자의 차이가 무엇인가요?

일단 타인에게 돈을 줄 때는 '대여'로 주는 것인지, '투자'로 주는 것인지를 분명히 해야 합니다. 상호 간에 계약서를 작성하는 경우 그 내용이 달라지기 때문입니다. 대여는 반드시 원리금을 돌려받을 수 있는 권리가 있지만, 그에 따른 대가, 즉 이자는 이자제한법상의 이자 범위 내로 제한됩니다. 반면에 투자는 원금을 돌려받지 못할 수도 있지만, 투자 수익은 어떠한 제한 없이 무한대로 받을 수 있습니다.

Q) 이체 내역이 있으면 문서를 작성하지 않아도 괜찮을까요?

절대 안 됩니다. 꼭 작성해야 합니다. 요즘은 상호 간 친밀한 관계거나 문서 작성이 번거로워서 문서를 작성하지 않는 경우가 대부분인 데다, 금전 이체가 손쉬워서 증빙을 확보하기도 쉽기 때문에 문서 작성을 소홀히 하는 경우가 많습니다.

그러나 단순히 돈만 이체했을 경우 추후 상대방이 다른 마음을 먹고 이 돈은 대여가 아닌 투자 명목으로 받은 돈이어서 반환 의무가 없다거나 예전에 빌려준 돈을 돌려받은 것이라고 주장하는 경우를 많이 보았습니다. 다소 번거롭더라도 정확하게 계약서와 같은 문서를 작성해야만 상대방도 다른 마음을 먹지 않고 또 나중에 더 번거로워지는 것을 막을 수 있습니다.

담보

Q) 문서 작성 외에 추가로 안전하게 돈을 돌려받을 방법이 있나요?

누군가에게 돈을 빌려줄 때는 '신용'으로 빌려주는 방법과 '담보'를 설정하고 빌려주는 방법이 있습니다. 담보를 설정하고 빌려주면 상대방이 돈을 갚지 않더라도 담보를 통해 돈을 회수할 수 있으므로 돈을 돌려받을 가능성이 커집니다.

Q) 인적 담보와 물적 담보 중 어느 것이 더 효과적인가요?

담보는 인적 담보와 물적 담보로 구분됩니다. 인적 담보는 돈을 빌려 간 사람 이외의 사람이 돈을 빌려간 사람의 채무를 함께 보증하는 방법으로, 단순보증, 연대보증, 연대채무의 방법이 있습니다. 물적 담보는 부동산, 동산, 예금, 채권 등의 물건으로 돈을 빌려 간 사람의 채무를 담보하는 것입니다. 통상 부동산에 근저당권을 설정하는 것이 방법이죠.

담보로는 물적 담보가 효과적입니다. 담보 가치가 충분한지 미리 확인해야 하며 부동산등기부에 나와 있지 않은 선순위 담보 사항도 사전에 확인해야 합니다. 가급적이면 변호사의 법적 조력을 받아 확실하게 담보를 설정하는 것이 좋습니다.

민이 아빠와 함께 떠난 금융 여행도 이제 끝이 보이네요.

우리는 인생의 여러 순간에서 중요한 선택을 마주합니다. 부모님에게서 독립할 때, 결혼을 준비할 때 그리고 직장을 떠나야 할 때 등등. 이런 인생의 전환점마다 중요한 결정을 내려야만 하죠.

이때의 선택이 앞으로의 삶을 어떻게 바꿀지, 그 무게는 생각보다 크고 깊습니다. 순간순간 무엇을 선택하느냐가 우리 남은 삶을 크게 바꾸어 놓을 수도 있기 때문입니다.

처음 이 책을 펼쳤을 때, 금융이라는 단어가 낯설고 조금은 무겁게 느껴졌을지도 모릅니다. 하지만 여정을 함께 하면서 조금은 더 친근해졌길 바랍니다.

목돈, 퇴사 그리고 노후 같은 단어들이 단순히 인생의 무게로 다가오는 것이 아니라, 여행을 준비하는 설렘처럼 느껴졌으면 좋겠습니다. 목돈을 모으는 것은 미래의 기회를 잡기 위한 준비로, 퇴사는 새로운 삶의 챕터를 여는 용기로, 노후는 인생의 긴 여행을 마무리하는 지혜로운 시간으로 말이죠.

금융은 그 여정의 모든 순간을 같이하는 존재니까요.

이제 책을 덮으면, 여러분 각자의 금융 여정은 또 다른 출발점에 서게 됩니다. 다른 나라를 여행할 때, 그 나라의 모든 곳을 한 번에 다 볼 수 없는 것처럼, 금융도 단번에 모든 것을 이해하는 건 어려울 수 있습니다. 우리가 한 지역을 선택해 여행을 떠나고 그곳의 매력을 하나하나 느끼듯, 금융도 각자 상황에 맞는 부분부터 천천히 알아 가고, 그에 맞춰 활용해 나가길 바랍니다.

지금까지 함께 나눈 이야기가 단순한 금융 지식에 그치는 것이 아니라, 여러분의 미래를 설계하고 준비하는 데 작은 나침반이 되었기를 바랍니다.

편안한 여행 되십시오.